장민호의
남자 인생

축복같이 찾아온, 당신이란 인연

장민호의 남자 인생

초판 1쇄 발행 | 2024년 11월 08일
초판 2쇄 발행 | 2024년 11월 15일

지은이 | 조성진
펴낸이 | 박영욱
펴낸곳 | 북오션

주　소 | 서울시 마포구 월드컵로 14길 62 북오션빌딩
이메일 | bookocean@naver.com
네이버포스트 | post.naver.com/bookocean
페이스북 | facebook.com/bookocean.book
인스타그램 | instagram.com/bookocean777
유튜브 | 쏠쏠TV·쏠쏠라이프TV
전　화 | 편집문의: 02-325-9172　영업문의: 02-322-6709
팩　스 | 02-3143-3964

출판신고번호 | 제 2007-000197호

ISBN 978-89-6799-844-8 (03670)

축복같이 찾아온, 당신이란 인연

장민호의
남자
인생

조성진 지음

북오션

특정 목적을 위해 만들어진 좋은 인성·이미지는 '특정 목적'이라는 바로 그 이유 때문에 초반엔 강력한 힘(설득력)을 발휘하지만, 시간이 지나 목적성이 약해지며 빠르게 동력을 잃는다. 만들어진 이미지·인성은 탄력도 매우 제한적이기 때문이다.

목적이 없이 원래부터 좋은 인성·이미지는 처음엔 있는 듯 없는 듯 존재감을 나타내지 못하지만, 주변 변수에 영향받지 않고 느리지만 꾸준히 동력을 유지하며 빛을 발한다.

각 회사(소속사)에서 아이돌·스타를 데뷔시킬 때 그에 맞는 전략 전술을 짜는 것도 '특정 목적'의 일환이다.

장민호라는 가수는 처음부터 '특정 목적'과는 거리가 멀었다. 오히려 시간이 지나며 음악과 좋은 인성이 빛을 발하는 가운데 극강의 존재감으로 우뚝 섰다. 결코 서두르거나 무리하지 않았다. 묵묵히 하고자 하는 일을 위해 '스텝바이 스텝'을 택했다. 속도는 느렸지만, 동력을 잃지 않고 어느 순간 자신만의 장점이 빛을 발하게 된 것이다. '좋은 인성에 음악까지 잘하는 가수'란 영광된 수식어도 이름 앞에 자연스럽게 붙게 됐다.

이젠 각종 방송 프로그램은 물론 전철역 내 광고까지 우리 일상에서 쉽게 장민호를 만날 수 있다. 장민호에 대한 대중의 사랑이 그만큼 크다는 걸 말해주는 것이기도 하다.

힘든 시절을 극복하고 오늘을 이룬 장민호는 "시작은 미약하나 끝은 창대하리라"라는 말이 잘 어울리는 음악인이다.

따라서, 남다른 행보를 보이는 대표 음악인들의 작품 세계와 그 의미, 작업 관련 비하인드 스토리를 종합해 책으로 내고 있는 필자에겐 장민호라는 음악가도 '꼭 쓰고 싶은' 인물 중 하나였다.

처음엔 장민호의 데뷔 시절, 길고 긴 힘든 시간부터 출발점을 두려고 했다. 그러나 이미 이 부분은 TV와 라디오 등 여러 방송 프로그램과 언론매체가 다룬 바 있어 제외하기로 했다. 본격 솔로 가수를 선언하며 트로트를 노래했고 이어 다양한 장르를 소화하며 돋보이는 역량을 보이기 시작한 2010년대 이후를 출발로 삼은 것도 이런 이유다.

그는 '트로트만' 잘하는 게 아니라 '트로트도' 잘하는 데 여기에 발라드, 댄스, EDM, 록, 재즈, 국악 등등 다양한 장르까지 막힘없이 구사하는 보컬리스트/가수라는 것이다.

하지만 일부에선 여전히 "인성은 최고지만 노래 실력은 별로"라는 등 장민호의 가창력에 대해 왈가왈부하는 소리가 나오고 있다. 아마도 그의 곡을 제대로 잘 듣지 않았기 때문에 나올 수 있는 편견이라고 본다.

책 집필을 위해 장민호가 솔로 가수를 선언할 때부터 지금까지 부른 모든 곡을 꼼꼼하게 들어봤다. 한마디로 기대 이상이었다. '노래 잘하는' 정도가 아니라 '정말 잘하는' 음정·리듬감과 발음·감정 연출에 이르기까지 한마디로 탄탄한 발성 등 어느 것 하나 부족한 게 없는 탁월한 표현과 가창력의 소유자다.

이런 가수가 왜 "가창력 좋다"는 말보다 "잘생겼다", "인성 좋다"란 말만 자주 들어야 하는지 답답했다. 그래서 이렇게 왜곡된 시각이 생기는 이유를 본문에서 다루었다.

이 책은 대중음악계에서 장민호의 의미, 그 음악 역량에 대한 국내 최초의 전문적 분석(평론)과 인간적 매력에 초점을 두어 음악인 장민호의 가치를 더욱 널리 알리는 데 중심을 두려고 했다.

따라서 그와 작업한 작사 작곡가·프로듀서·세션 연주자 등 많은 관계자와의 인터뷰를 토대로 다양한 내용을 담으려 했고, 이 와중에 한 번도 공개된 적이 없는 여러 비하인드 스토리도 얻을 수 있었다.

그리고 장민호가 발매한 정규앨범과 미니앨범, 싱글음원 등 총 35곡을 리뷰하며 곡마다 장민호만의 발성 특장점과 매력을 분석했다. 해당 곡을 쓴 작사·작곡가들이 당시 그 곡을 어떻게 작업했는지에 대해서도 정리해 곡을 이해하는 데 도움이 되도록 했다. 뿐만 아니라 세션 연주자들의 인터뷰도 최대한 다양하게 시도했다. 많은 가수를 세션하고 있는 국내 정상의 세션 연주자들은 현장의 목소리를 가장 빠르고 민감하게 아는 음악가인 만큼 곡을 이해하는 데 중요한 단서를 제공하기 때문이다.

이 책을 통해 "잘생겼고 착한지만 가창력은 별로"라는 일부 오해를 교정시키는 데에도 좋은 자료로서 기능하길 바라며, 또한 팬들에겐 자신이 아끼고 응원하는 가수의 '대단한 역량'을 자세히 알 수 있게 함으로써 더욱 깊은 사랑으로 이어지는 데 조금이나마 도움이 되었으면 한다.

2024년 10월
조성진

차 례

• PART2 •

정규와 미니앨범, 싱글 음원 전곡 리뷰

• PART3 •

관계자들이 생각하는 장민호

PART 1

이래서
장민호다

'진-선-미'라는 덕목
모두 갖춘 인성 부자

: 하나라도 갖추기 힘든 세 미덕을
: 모두 갖춘 귀인 중의 귀인
: 착한 품성 음악에서 그대로 나타나
: 함께 일하는 관계자들도 인품에 반해
: 스타의식 전혀 없고 겸양지덕

진선미는 참되고 착하며 아름답다는 뜻으로, 각종 경연에서 1, 2, 3위를 가를 때 사용하기도 한다.

'진(眞)'은 참된 것, 다시 말해 거짓의 반대, 진실을 말한다. '진'은 살아가면서 가장 중요한 덕목이지만 또한 지키기 가장 힘든 덕목이기도 하다. '선(善)'은 착하고 어질다는 뜻으로, 반대말이 '악(惡)'이다. 아름다움을 뜻하는 '미(美)'는 내적 외적인 미 모두를 포함한다.

진-선-미라는 3개의 덕목 중 하나만 갖춰도 돋보이는 인성인데, 3개 모두를 갖췄다면 어떨까?

굳이 도를 닦지 않았어도 이 세 개를 모두 갖춘 사람이 있다면 귀인 중의 귀인임이 분명하다. 더욱이 인기를 먹으며 살아가야 하는 대중스타가 이런 덕목을 한꺼번에 갖춘다는 건 비현실적인 일로 보일 수 있다.

장민호는 이 세 가지를 모두 갖춘 '인성 부자'다.

나는 오랫동안 음악계에서 일하며 많은 관계자를 만나고 있다. 아무리 잡음이 없는 아티스트라도 관계자들과 편한 자리에서 대화하다 보면 흠이 나오기 마련이다. 물론 이런 내용은 절대 기사로 쓰지 않는다. 나를 믿고 편하게 자신의 속내를 말한 것이니만큼 '오프 더 레코드'라는 약속은 반드시 지켜줘야 하기 때문이다.

그런데 장민호에 대해서만큼은 그 어떤 허물이 되는 이

야기를 들어본 적이 없다. 장민호도 인간인데 어찌 이리도 무공해 청정지역 같은 삶을 살 수 있는 것일까?

작품은 곧 창작자 성격의 반영이다. 아무리 아름답고 부드럽게 다듬어도 연주하는 당사자가 사나운 기질의 소유자라면 연주 어느 부분에서 반드시 그러한 기질이 나타난다. 또한 시종 거칠고 공격적인 톤으로 연주한다 해도 연주자의 품성이 한없이 부드럽고 따뜻하다면 이러한 연출에도 한계가 있기 마련이다.

오래전 일이다. 친한 후배가 록음악을 하고 싶다며 밴드에 가입했다. 후배가 가입한 밴드는 가장 강력하고 공격적인 사운드를 추구하는 헤비메틀 팀이었다. 그는 록적인 스타일의 연주를 본격적으로 해보려 하니 자신이 얼마만큼 변하고 있나 봐달라고 했다. 후배는 매우 섬세하고 차분한 성품의 소유자였다. 존 사이크스(John Sykes), 게리 무어(Gary Moore), 로이 부캐넌(Roy Buchanan) 등 여러 곡을 합주했다. 기타 연주로만 본다면 기술적으로 후배의 연주는 단연 돋보이는 테크닉이었다. 그러나 거친 결이 아니라 부드럽고 잘 짜인 솔로 라인 위주였다. 위의 기타리스트들 특유의 사납고 거칠며 공격적인 기상이라곤 전혀 없는, 따라서 후배가 연주하는 스타일은 록/메틀이라기보단 잘 다듬은 세션기타, 거칠고 공격적인 사운드와는 많이 달랐다. 1년 후 후배의 연주를 다시 볼 수 있었는데 사나운 기상은 빠진 채 여전히 깔끔하고 부드러웠다. 후배가 거칠고 난폭한 연주자로 변하기까진 오랜 시간이 걸렸다.

영화 드라마에서도 비슷한 사례를 자주 볼 수 있다. 거칠고 폭력적인 주인공 역에 캐스팅된 배우는 계약 시점부터 자신의 성격을 그렇게 바꾸기 위해 노력한다. 영화 '공공의 적'의 강철중 역을 맡은 설경구는 껄렁한 듯하지만, 상대를 눈빛만으로 제압할 수 있는 엄청난 기운을 갖고자 눈에 힘주는 갖가지 포즈를 연구했고, '역도산' 역을 위해 밤이건 새벽이건 라면을 계속 먹으며 몸무게를 늘렸다. 모든 일상을 역도산의 관점에서 생각했다고 한다.

장민호의 노래를 듣고 있으면 느리거나 빠른 작품 등 그 어떠한 곡에서도 선한 이미지가 느껴진다. 그 자신이 착하고 바른 품성이 아니라면 이렇게 나올 수 없다. 거짓말을 자주 하고 껄렁껄렁한 태도에 누구를 배신하거나 폭력을 행사하는 장민호를 결코 떠올릴 수 없다. 이런 건 태양이 차가워지는 것만큼 불가능해 보인다. 그만큼 장민호는 언젠가부터 필자를 비롯해 대중에게 진짜, 선하고, 아름다운 품성의 전인적 인간으로 각인된 것이다.

'미스터트롯'과 '미스트롯', '나는가수다', '슈퍼스타K', '더트롯쇼' 등등 많은 예능 프로그램을 총괄한 임현기 음악감독은 속마음을 숨기지 않고 다소 직선적으로 표현하는 스타일로 잘 알려져 있다. 그와 몇 차례 인터뷰했던 필자 또한 임현기 감독의 '거침없음'이 장점이자 매력으로 보였다. 그런 그도 장민호에 대해서만큼은 "최고의 인품"이라며 엄지척을 아끼지 않았다.

셀 수 없이 많은 트로트 음악을 작업한 최남진 음향감

독은 장민호가 트로트 가수로 데뷔하기 전부터 인연을 맺어왔다. 최남진 감독은 '예음스튜디오'에서 음향엔지니어로 20여 년 근무했는데, 당시 예음스튜디오 공동 대표 중 하나가 신훈철 대표였다. 신훈철 대표는 현 장민호 소속사 '호엔터테인먼트' 대표이기도 하다. 이런 인연으로 장민호, 신훈철 대표와 식사도 함께 하며 사적인 시간도 갖곤 했다. 물론 장민호와 스튜디오 녹음 작업도 여러 차례 했다.

이런 최남진 감독조차 장민호에 대해 "너무 반듯하고 남자가 봐도 부러울 정도로 미남"이라고 말했다. 그리고 "아직 단점이라고 할만한 걸 한 번도 보지 못했다"고 했다.

〈풍악을 울려라〉와 〈신발끈〉을 쓴 이동철 작곡가는 장민호에 대해 "스타의식이라곤 전혀 없이 착하고 매너 좋은 겸손의 아이콘"이라고 극찬을 아끼지 않았다. 장민호와 레코딩 작업을 하면서도 그 인품에 반하지 않을 수 없었다고 했다.

'국민 코러스'로 잘 알려진 유명 세션 코러스 보컬 김현아 홍익대 실용음악 교수는 아이돌 그룹 시절부터 현재까지 장민호와 작업하며 오랫동안 그를 지켜봤다. 김현아 교수는 필자에게 이렇게 말했다.

"저는 '좋은 가수'보다는 '좋은 사람'을 더 좋아합니다. 장민호는 좋은 가수이기도 하지만 굉장히 좋은 사람이죠. 음악을 하는 사람들끼리는 물론 소속사 대표나 매니저 모두 '세상에 저렇게 착한 가수 없다'고 입을 모아 칭찬할 만큼 장민호의 품성은 훌륭합니다. '좋은 사람'이란 의미의 전형이랄까요? 보이그룹 시절부터 코러스 세션을 하며 장민호를 지켜봤어요. 이미 그때부터 인성이 남다르게 좋다는 걸 느꼈습니다."

박미선은 2022년 1월 22일 자신의 인스타그램에 "이번에 처음 같이 일을 하게 됐는데, 이 친구 참 예의바르고 방송을 잘하네요. 잘생기고 노래 잘하고 착하고. 장민호 앨범 선물로 받았어요. 노래도 좋고 에세이집처럼 만든 앨범

도 굿. 흥해라"라는 글을 게재하며 장민호의 품성을 칭찬
했다. 박미선은 장민호와 함께 KBS 2TV '주접이 풍년'에
서 MC로 호흡을 맞춘 바 있다.

'배려'의 아이콘

: 자신 낮추고 상대 돋보이게 하는 심성

: '미스터트롯'서 이러한 군자의 면모 증명

: 자신은 힘들어도 후배들은 꼭 챙겨

: 예능 방송 진행시에도 상대 진행자 먼저 생각

: 스태프 챙겨주는 것도 최고

장민호는 아이돌 그룹 활동에 이어 트로트 솔로 가수로 변신을 모색했다. 2014년 〈남자는 말합니다〉란 곡으로 어느 정도 대중적 인기를 얻다가, TV조선 '미스터트롯'을 통해 본격적으로 스타의 대열에 들어섰다.

결과는 큰 성공이었지만, 사실 '미스터트롯' 출연은 그에겐 매우 힘든 결정이었다.

2022년 1월 7일 MBC FM4U '두 시의 데이트 뮤지, 안영미입니다'에 게스트로 출연한 장민호는 "'미스트롯'이 잘되다 보니 '미스터트롯'도 언젠가는 하겠다는 생각이 들었다"며 "론칭하기 전부터 '미스터트롯'에 나가야 하나 말아야 하나 고민했다"고 말했다. 장민호는 "10년 노래했는데 떨어지면 어떡하나 걱정했다"며 "섭외도 안 됐고 원서 내라는 말도 없었다"며 '미스터트롯' 출연에 앞서 얼마나 많이 고민했나 밝혔다.

어쨌든 장민호는 '미스터트롯'에 출전했다. 그가 돋보이며 화제가 되기 시작한 건 경연 중 후배를 챙기면서부터다. 우승을 목표로 자신이 가진 모든 걸 쏟아내도 시원치 않을 판에 나보다 남을 더 배려하며 빛나게 해주려는 장민호의 방식은 많은 공감대를 얻었다.

예능 프로그램 출연 빈도가 많아지며 장민호의 남다른 배려심도 더욱 화제가 되고 있다. 예를 들어 공동 진행을 하더라도 상대 진행자를 먼저 생각하고 자신보다 타인을 배려하는 모습이 자연스럽게 보여진 것이다.

2020년 4월 1일 방송된 MBC '라디오스타'에 출연한 장민호는 결혼하지 않은 이유를 생활고로 들었다. 장민호는 "이제 결혼 생각이 나기 시작했다. 그동안 핸드폰 요금을 내기도 힘들었고, 꿈을 향해 달려가느라 연애할 시간이 없었다. '미스터트롯'이 잘된 후 결혼하고 싶단 생각이 들었다"고 말했다.

이렇게 힘든 시절을 보냈음에도 장민호는 후배들에게 만큼은 아낌없이 주려고 했다.

2020년 4월 27일 방송된 JTBC 예능 '77억의 사랑'에 임영웅과 영탁이 게스트로 출연해 무명 시절 장민호에게 많은 힘을 받았다고 전했다. 임영웅은 "예전에 어떤 행사장에서 형과 마주쳤는데 나를 조용히 부르더니, 갑자기 봉투를 꺼내며 '네가 힘든 거 아니까 용돈이나 해라. 밥 사먹어라'고 용돈을 주셨다"고 밝혔다. 영탁이 "얼마 받았느냐"고 묻자 임영웅은 "10만 원 정도 받았다"고 답했다. 이에 영탁은 "나는 20만 원 받았다. (아마) 내가 나이가 좀 더 많아서 더 준 것 같다"고 말했다. 이 말을 들은 신동엽은 장민호에 대해 "후배 잘 챙기기로 유명하더라"며 칭찬을 아끼지 않았다.

2024년 5월 3일 방송된 KBS2TV 예능 '신상출시-편스토랑'에서 장민호가 경호팀을 집에 초대해 전속 경호팀으로 같이 일하게 된 인연을 전했다. 한 경호원은 "보통 그냥 인사하고 가면, 장민호 형은 꼭 밥 먹었냐"고 묻는다며, "나중엔 개인 카드 주면서 꼭 밥 챙겨먹어라. 먹고 싶은 거 먹으라"고 말했다. 이에 장민호는 "연예인들이 시간 없이 밥 못 먹는다면 스태프들은 그의 반도 먹을 시간 없다"며 남다른 배려심을 보였다. 또다른 경호원은 "어머니가 장민호 형 항상 응원한다고 하신다. 큰일 치렀을 때도 도와주셨다. 부친의 갑작스런 장례식을 치르게 됐는데, 그다음 날 바쁜 스케줄에도 빈소에 꼭 들르겠다고 하시곤 진짜 오셨다. 어머님이 형님 오셔서 안아주시니 위로가 됐다고 하셨다"고 말했다.

2020년 3월 31일 방송된 MBC 에브리원 '비디오스타'는 왕좌의 게임 특집 '신興강자 7'로 꾸며져 영기, 류지광, 나태주, 노지훈, 신인선, 김수찬, 김경민이 출연해 '미스터트롯' 비하인드 스토리를 공개했다. 영기는 "어느 날 멤버들과 같이 술 마시던 중에 장민호 형과 영상통화를 한 적이 있다. 그런데 계좌번호 부르라고 하더니 술값을 대신 내줬다"고 했다. 그러자 신인선은 "술값이 23만 원 정도가 나왔는데 숙취해소 음료도 사 먹으라"며 술값에 몇만 원 정도 더 보내줬다고 말했다.

무한 성실
'노력파'

: 목표 도달할 때까지 쉼없는 정진

: 자기계발, 성실함의 표본

: 곡쓰기 탁월, 그만큼 음악 공부 많이 해

: 다양한 장르 소화력도 노력의 산물

: 부단한 노력으로 트로트 변신에도 성공

장민호는 굉장한 노력파이기도 하다. 그와 음악을 함께한 멤버나 곡 작업을 한 여러 관계자에 의하면 장민호는 자신이 목표한 차원에 도달할 때까지 쉼없이 노력하는 타입이다.

장민호는 가끔 자신의 곡을 직접 써서 노래하기도 한다. 유명 작곡가들을 놀라게 할 만큼 곡쓰기 역량도 탁월하다. 관계자들에 의하면 장민호는 작곡을 위해 독학으로 이 분야를 열심히 공부했다고 한다.

작곡 듀오 '알고보니 혼수상태'는 "작곡가로서 장민호의 장점 중 하나는 곡 하나하나를 정말 소중하게 생각하는 마인드"라며 다음과 같이 말했다.

"장민호의 <내 이름 아시죠>라는 곡을 제일 좋아하는데, 이 노래는 작곡가로서 부러워할 만큼 완성도가 좋습니다. 아버지와의 추억을 음악으로 아름답게 표현했죠. 곡이 너무 좋다보니 장민호 님에게 '곡까지 잘 쓰면 우리 같은 작곡가는 뭘 먹고 살아야 하나'라고 우스갯소리를 할 정도입니다."

꾸준히 양질의 곡을 직접 쓴다는 건 그만큼 음악 공부도 무척 많이 하고 있다는 걸 말해준다.

장민호는 장르를 트로트로 바꾸며 그에 따른 음악적 노력을 많이 했다. 데뷔 때 하던 아이돌 가요와는 달리 트로트의 기술적인 부분부터 감성 처리에 이르기까지 가창과 발성을 전면 바꿔야 했다. 부단한 노력이 없었다면 결코 트로트 가수로 거듭 나기 힘들었을 것이다.

장민호는 여타 트로트 가수들과 달리 춤 솜씨도 칭찬할 만하다. 이건 아이돌 그룹 활동을 하며 다져진 댄스 감각도 한몫하는 것이지만, 그만큼 필요에 따라 쉼없이 노력하는 장민호의 성실성이 있기에 가능한 것이기도 하다.

바쁜 와중에도 장민호는 2005년 단국대 대중문화예술 대학원에서 '세종문화회관 운영실태에 관한 연구'로 석사 학위를 받기도 했다.

가장 선호하는 광고모델 중 하나

: 댄디하고 세련된 외모, 친숙한 이미지

: 착한 품성까지 외모와 성격의 완벽 합일

: 많은 기업이 선호하는 홍보모델 급부상

: 식품, 의료, 뷰티, 패션까지 다양

: 향후에도 광고계 롱런 계속될 것

　장민호의 잘생긴 외모, 도시적 분위기의 세련미와 티끌 하나 없이 맑고 착한 품성은 많은 기업으로부터 함께하고 싶은 이미지 홍보모델로 급부상하고 있다. 이러다 보니 광고모델로 활약하는 영역에도 한계가 없다. 앞으로도 장민호는 광고계에서 '가장 잘 팔리는' 대표주자로서 무한 사랑을 받을 것으로 기대된다. 각 기업이 보도자료를 배포한 시점을 기준으로 그간 장민호가 광고모델로 활약한 내용을 정리하면 다음과 같다.

일동후디스가 '하이뮨 프로틴 밸런스'의 새 모델로 가수 장민호를 발탁했다고 2020년 4월 14일 전했다. 일동후디스는 "장민호의 활기차고 건강한 이미지가 양질의 단백질과 건강기능성분을 균형 있게 설계한 하이뮨 프로틴 밸런스 제품의 특징과 잘 어울려 광고모델로 선정하게 됐다"고 선정 이유를 밝혔다.

병원화장품 '쎄라딤'이 브랜드 모델로 장민호를 발탁했다고 2020년 6월 15일 전했다. 쎄라딤 관계자는 "브랜드의 얼굴로 미스터트롯 열풍의 주역 장민호와 함께할 수 있게 돼 기쁘다. 앞으로 쎄라딤이 선보일 제품들은 물론 장민호와 함께할 다양한 활동도 많은 기대 부탁드린다"고 했다.

미스터피자가 신메뉴 '미스터트리오' 피자 광고 모델로 미스터트롯 장민호·영탁·이찬원을 선정하고 광고 영상을 공개한다고 2020년 7월 14일 밝혔다. 16일 출시하는 '미스터트리오'는 미스터피자 창립 30주년을 한 판으로 집대성한 피자로 역대 프리미엄 피자 중 가장 사랑 받았던 메뉴 3종을 한 번에 즐길 수 있다. 미스터피자 측은 함께 있을 때 더욱 유쾌한 장민호·영탁·이찬원의 환상 케미가 미스터트리오의 제품 콘셉트에 부합해 광고 모델로 선정했다고 설명했다.

동문건설은 지난 2020년 7월 선보인 '전남 광양 동문굿모닝힐 맘시티'에 이어 10월 분양하는 '평택 지제역 동문굿모닝힐 맘시티 2차' 광고 모델로 장민호를 발탁했다고 2020년 10월 15일 밝혔다. 동문건설 관계자는 "코로나 영향으로 대면접촉에 제약을 받으면서, 온라인과 영상 등의 효과적인 마케팅 수단을 위해 중·장년층의 폭 넓은 사랑을 받고 있는 장민호를 '광양 동문굿모닝힐 맘시티'에 이어 '평택 지제역 동문굿모닝힐 맘시티 2차'에도 광고 모델로 연장하게 됐다"고 전했다.

삼성화재가 미스터트롯 장민호와 정동원을 모델로 발탁하고 하반기 신규 광고를 선보인다고 2020년 9월 1일 전했다.

대성산업의 보일러 제조 계열사 '대성쎌틱에너시스'가 장민호를 자사 전속 모델로 선정했다. 대성쎌틱 관계자는 2020년 9월 21일 "가수 장민호는 진중하고 신뢰가 느껴지는 차분한 이미지에 노래, 춤, 재치 있는 말투 등 실력은 물론, 스타성까지 갖춘 다양한 매력의 가수다. 젊은층부터 중장년층까지 아우를 수 있는 친화력을 바탕으로 대성쎌틱의 고객들에게 쉽고 친근하게 다가갈 수 있을 것으로 기대한다"며 광고 모델 선정 이유를 밝혔다.

애경 '홈백신'이 장민호를 브랜드의 모델로 발탁했다고 2021년 3월 18일 밝혔다. 홈백신은 남녀노소를 막론하고 많은 대중에게 사랑받는 장민호의 깔끔하고 반듯한 이미지가 '온 가족의 위생'을 책임지는 브랜드의 핵심 가치 및 이미지와 부합한다고 여겨 모델로 발탁했다고 전했다.

정동원과 장민호가 방문요양 서비스 '케어링'의 콜라보 모델로 캐스팅됐다. '케어링' 측은 정동원과 장민호가 '미스터트롯' 등의 프로그램들에서 서로 보여주었던 이타심과 선한 영향력의 모습이 '전국 최고 케어링이 방문요양의 급을 높인다'는 케어링의 핵심 가치와 부합하다고 여겨 모델로 선정했다고 2021년 9월 14일 밝혔다.

의료기기 브랜드 올리즈의 모델로 트로트 스타 장민호가 발탁됐다. 올리즈 관계자는 2022년 2월 10일 "장민호의 친근하고 건강한 이미지가 올리즈 브랜드와 잘 어우러져 모델로 발탁하게 됐다"고 모델 선정 이유를 밝혔다.

남성 의류 브랜드 '미넴'이 장민호를 새로운 공식 모델로 발탁했다고 2022년 4월 21일 전했다. 미넴 관계자는 "대중에게 높은 인지도와 선호도를 갖춘 장민호의 이미지와 브랜드 이미지를 함께 마케팅해 디지털 매체 온라인과 오프라인을 통한 다양한 홍보 마케팅을 펼칠 계획"이라고 말했다.

장류전문기업 삼화식품이 최근 출시한 척척척 만능된장의 모델로 미스터트롯 출신 인기 가수 장민호, 정동원을 발탁했다고 2022년 5월 13일 밝혔다. 공개된 제품 광고 영상에선 장민호, 정동원이 척척척 만능된장을 사용해 손쉽게 전통 된장찌개를 요리하는 모습이 담겨 있다.

골프웨어 '그린조이'가 새로운 브랜드 모델로 가수 장민호와 배우 한으뜸을 발탁했다고 2022년 6월 27일 전했다. 그린조이 최순환 대표는 "장민호는 실제로도 수준급인 골프 실력을 갖추고 있고 바른 품성과 주변 동료를 챙기는 선한 심성 등 모든 면이 귀감이 되고 있다"며 "그린조이의 '고객을 위해서 일한다'는 창업 정신에도 부합하는 모델"이라고 모델 발탁 이유를 설명했다.

'웰본'은 자사의 헤어전문 브랜드 '청담스타일' 전속모델로 가수 장민호를 발탁했다고 2022년 6월 28일 밝혔다. 웰본 관계자는 "장민호는 댄디하고 세련된 외모와 달리, 친숙하고 건강한 매력을 선사하며 남녀노소 불문 많은 사랑을 이끌어내고 있다. 청담스타일만의 젊음을 추구하는 브랜드 아이덴티티와 광고계 블루칩으로 손꼽히는 장민호의 이미지가 부합된다고 판단, 전속모델로 발탁했다"고 선정 이유를 전했다.

한식브랜드 셰프애찬이 장민호를 간장게장 전속모델로 발탁해 광고촬영을 시작했다고 2022년 7월 4일 전했다. 셰프애찬 박우연 대표는 "장민호의 깔끔하고 댄디한 이미지가 건강한 브랜드 이미지와 부합하다고 판단해 브랜드 모델로 최종 발탁했다"고 밝혔다.

글로벌 커머스 기업 씨엔씨오(CNCO)가 뷰티 브랜드 '더보이보이(TheBOIBOY)'를 론칭하며 공식 모델로 배우 김영대, 가수 강다니엘, 가수 장민호를 모델로 발탁했다고 2022년 8월 6일 전했다. 더보이보이측은 "이번에 공식 모델로 발탁된 톱스타 3인이 각기 다른 분야에서 눈에 띄는 활동으로 남녀노소 모두에게 사랑을 받고 있어 브랜드가 추구하는 이미지와 잘 어울린다고 판단해 모델로 선정하게 됐다"고 선정 배경을 설명했다.

'나르지오 워킹화'가 가수 장민호를 전속모델로 발탁했다고 2022년 10월 12일 밝혔다. 업체 관계자는 "전 연령층에서 사랑받는 장민호를 통해 해당 제품이 더 많은 소비자들께 친근하게 다가갈 수 있는 좋은 기회가 될 것"이라며 모델 선정 배경을 전했다. 나르지오 워킹화는 1년 후 장민호와 전속모델 재계약을 맺었다. 장민호가 광고모델로 활동한 이후 '장민호 신발'이란 애칭이 붙을 정도로 인기가 높아지면서 매출 신장에 크게 기여했기 때문이다.

KF94 새부리형 마스크 브랜드 '인생마스크'는 신제품 출시와 함께 2022년 12월 장민호를 모델로 기용했다.

농협이 2023년 4월 26일 농협 본관에서 이성희 농협중앙회 회장을 비롯한 주요 임원, 가수 장민호 등이 참석한 가운데 프리미엄 과일구독서비스 '농협과일맛선' 론칭행사를 진행했다. 행사장엔 농협과일맛선이 선보일 매월 상품들이 전시됐으며 가수 장민호를 농협과일맛선의 홍보모델로 위촉하고 이성희 회장이 직접 농협과일맛선의 1호회원으로 가입했다.

닥터큐메딕스의 아이로봇풋 발목펌프 자동운동기가 2023년 5월 가수 장민호와 전속모델 계약을 체결했다.

유한양행의 홈케어 브랜드 해피홈이 가수 장민호를 모델로 '해피홈 파워캡슐' TV CF를 선보였다고 2023년 7월 9일 전했다. 이번 CF는 해피홈 파워캡슐의 강점인 세탁세제부터 섬유유연제까지 한 번에 담은 기술을 트로트 메들리 컨셉으로 가수 장민호가 알리는 형식이다. 유한양행 관계자는 "가수 장민호의 트로트 메들리로 해피홈의 브랜드 인지도를 높이는 데 도움이 될 것"이라며 "행복한 집을 만드는 해피솔루션이라는 슬로건 아래 소비자들에게 집안일의 행복을 줄 수 있는 브랜드로 거듭나겠다"고 했다.

스포츠 '리커버리 크림' 제조·유통 기업 파워풀엑스가 가수 장민호를 모델로 발탁했다고 2023년 8월 9일 밝혔다. 박인철 파워풀엑스 대표는 "건강한 에너지를 지닌 장민호와 파워풀엑스의 이미지가 맞아 전속모델로 발탁하게 됐다"며 "이번 기회를 통해 '장민호크림'으로 공격적인 마케팅을 펼치며 파워풀엑스의 새로운 도약을 만들어 내겠다"고 전했다.

바이엘 코리아 컨슈머헬스 사업부는 소염진통제 사리돈-에이정의 광고 모델로 가수 장민호를 선정, 유튜브 등 온라인 플랫폼을 통해 사리돈-에이정의 새로운 광고 캠페인을 선보인다고 2024년 4월 22일부터 밝혔다. 회사는 '사리돈 하나면 다양한 통증까지 빠르게 싹!'이란 메시지를 밝고 건강한 이미지를 가진 가수 장민호와 함께 주요 팬층을 포함한 폭넓은 연령대의 소비자들에게 전달할 예정이다. 바이엘 코리아 컨슈머헬스 사업부 오영경 대표는 "건강하고 친근한 이미지를 가진 가수 장민호 씨와의 협업을 통해 다양한 통증으로 인해 불편함을 겪는 사람들에게 신속하고 효과적인 해결책으로써 사리돈-에이정의 특징을 잘 전달할 수 있을 것으로 기대한다"고 전했다.

로이첸은 2024년 6월 12일 자사 공식 유튜브 채널을 통해 장민호 CF 영상을 게재했다.

스킨케어 브랜드 '자민경'이 장민호를 새 모델로 선정했다고 2024년 7월 19일 밝혔다. 자민경은 "'트로트 계의 아이돌'로 불릴 만큼 많은 사랑받고 있는 대한민국 대표 트로트 가수 장민호와 함께 소비자에게 더욱 친근한 자민경으로 다가갈 예정"이라고 전했다.

발성의 깊이와 노련미, 세련된 자기연출(가창 발성 분석)

: 많은 음악 경험으로 다져진 노련미 타의추종 불허

: 어떠한 장르에서도 탁월한 소화력

: 음정 격차 심한 곡에서도 발성 돋보여

: 진성 중심에 비성 · 벨팅까지 능란한 발성 조합

: 세련된 톤, 격조와 남성미 깃든 창법

전국에 수많은 음악학원 및 실용음악학과가 개설된 지 오래다. 전공생들이 많아지면서 대중음악계도 더 한층 경쟁 구도가 강화되고 있다. 이제 기술적으로 뛰어나다는 이유만 으론 주목받기 힘든 시대가 됐다. 남과 다른 자신만의 색깔 (오리지널리티)에 기술적인 면까지 두루 갖추길 요구한다.

이런 시대에서 프로와 아마추어를 가르는 가장 큰 기준 은 노련미다. 국어 사전에 의하면 노련미는 '많은 경험에서 나오는 익숙하고 능란한 맛이나 멋, 또는 그런 데서 받는 느낌'을 말한다. 여기에서 핵심은 테크닉적인 면만으론 한계가 있는 걸 노련미로 가능하다는 것이다.

예를 들어 A와 B라는 뮤지션이 있다고 하자.

A는 연주를 눈부시게 잘한다. 그는 연주력 면에선 해당 분야 최고 연주자들의 현란한 곡들을 정확하게 카피할 줄 안다. 그러나 매일 방에 틀어박혀 연습만 했을 뿐, 많은 관객 앞에서 공연해본 적이 별로 없다. 녹음도 앨범 1장에 참여한 정도다.

B는 A만큼 기술적으론 현란하게 연주하지 못하지만 수년 넘게 많은 관객 앞에서 공연을 해왔다. 그래서 공연이라는 예측불가의 현장에서 누구보다 잘 적응할 줄 안다. 몇 장의 스튜디오 앨범에도 참여했다.

두 사람을 한 장소에 불러 연주하게 하면 단연 A가 잘

치는 것처럼 보인다. 그러나 딱 여기까지다.

만일 방에서만 연주하던 A를 현장에 투입시킨다면 각종 변수가 너무 많은 공연 무대에서 자신의 컨디션을 잘 발휘할 수 있을까?

아나운서, 성우는 자신의 목소리와 멘트 방식을 들으며 자신이 부족한 부분을 교정해간다. 수십 년 일기만 쓴다고 해서 문장력이 좋아지는 건 아니다. 단 몇 개월이라도 매체에 기명 칼럼을 쓰는 게 글 쓰는 감성과 기술적인 면을 향상시키기에 그만이다. PC의 한글 문서로 작업한 자신의 글은 '봐도 또 봐도' 오타와 비문 등을 집어내는 데 한계가 있다. 이런 게 매체에 게재되면 보이지 않던 수정사항까지 보이게 되는 것이다. 음악이건 문학이건 자신이 작업한 결과물이 나왔을 때 그걸 통해 자신의 장단점이 더 잘 보인다. 그만큼 자신을 객관화시켜 평가하는 능력도 좋아지는 것이다.

세션 음악인들이 입을 모아 하는 말이 있다. "많이 녹음해볼수록 세션 감각도 좋아진다"고.

위에서 말한 노련미란 바로 이런 것이다.

레코딩 세션을 처음 하거나 몇 번 해보지 않은 소위 '초짜 세션' 연주자들은 작업을 의뢰받아 스튜디오에 가면 해당 음원에 얼마나 자신의 연주를 멋지게 집어 넣을지부터 생각한다. 그러다 보니 단 몇 초로 압축해야 할 부분에 많은 걸 넣으려는 적극성(욕심) 때문에 세션을 망치기도 한다. 하지만 베테랑 세션 연주자들은 스튜디오에 들어서자마자 해당 음원이 요구하는 걸 빠르게 간파하고 그 몇 초를 멋지게 압축해 세션을 마친다. 노련미다.

가수는 앨범을 발매하면서 자신을 성장시킨다. 다시 말해 녹음 경험이 쌓여가며 음악가로서의 외연과 깊이도 더해지는 것이다. 아무리 가창력이 뛰어나더라도 단 한 장의 앨범을 낸 신인 가수와 여러 장의 앨범을 낸 중견 가수는 그 차이가 크다.

장민호의 노련미도 이처럼 많은 경험을 통해 다져진 산물이다.

그는 아이돌에서 트로트, 팝, 발라드, 국악, 재즈, EDM, 로커빌리, 트위스트, 라틴 등등 다양한 장르를 시도하며 꾸준히 자신을 업그레이드했다.

많은 녹음작업으로 자신을 객관적으로 볼 수 있는 역량도 그만큼 탁월해졌다. 장민호의 음악에선 '없어도 되는', '날림', '불필요함'이 없다. 오랜 경험으로 자신의 노래와 해당 곡을 어떤 식으로 연출해야 할지 명확하게 간파하고 있기 때문이다. 트로트로 변신한 초기엔 아주 살짝 아쉬운 부분이 없는 게 아니었지만, 빠른 속도로 적응해 가창의 묘미가 무엇인지 보여주기 시작했다.

특히 장민호의 여러 곡에선 고음과 저음이 급격하게 바

뛰는 구간이 자주 등장한다. 여타 가수들과는 달리 낮은 저음 구사도 자주 하는 걸 알 수 있다. 고음보다 저음 소리를 정확하게 내는 게 더 힘들다. 그러나 장민호는 음역 차가 심한 프레이즈 진행에서도 흔들림 없이 자신을 잘 표현한다. 관련 내용은 이 책 'PART 2'에서 구체적인 사례를 들며 분석했다.

그의 노래에선 진성 발성이 많다. 진성에 비중을 두는 가운데 비성 및 그 외 여러 발성을 잘 활용하며 노래하는 것이다.

숨을 쉴 때 입안으로 들어온 공기는 발성 시 기관을 통해 성대에 부딪치며 소리가 난다. 양쪽 성대가 접촉하며 소리의 압력이 존재하는 걸 '진성', 접촉하지 않아 압력이 없는 상태를 '가성'이라고 한다. 다시 말해 가성은 성대가 접촉하지 않고 성대 상연의 엣지만 파동하는 소리라 진성에 비해 소리보단 호흡의 비중이 커 선명도가 낮을 수 있다는 게 일반론이다.

장민호의 진성은 성대 접촉에 의한 가장 일반적 의미의 진성을 말한다. 그의 진성은 더 정확하게는 가슴에서 울리는 즉 '흉성'을 기조로 해 깊이 있고 파워풀한 소리를 연출한다. 오한승 동아방송예술대 실용음악학과 보컬 주임교수를 비롯한 몇몇 전문가들은 장민호의 이 지점을 '벨팅' 발성이라고도 설명한다.

벨팅은 고음에서도 체스트보이스(흉성)를 유지하며 강렬한 소리를 연출하는 게 장점이다. 매우 부드럽고 섬세하게 이어지는 레가토 발성과는 대척점에 있는 소리 구사 방식이랄 수 있다. 벨팅은 강한 만큼 성대 근육을 더욱 긴장시키므로 그만큼 체력 소모도 많다. 뿐만 아니라 특정 부위에 악센트를 강하게 주기 때문에 다채로운 음정 컨트롤이나 리듬을 타는 것도 쉽지 않다. 그러나 장민호는 이처럼 강렬한 깊이의 남성적 매력이 넘치는 벨팅을 구사하는 와중에도 비음으로 소리를 가볍게 띄워 특정 프레이즈 분위기를 금세 바꾸어가며 강약의 묘를 잘 살리는 소리를 구사한다.

종합하면, 장민호는 '꽃미남' 그 이상으로 참 잘생겼다. 이런 미남에게서 강인한 남성상을 기대하긴 쉽지 않을 거란 선입견이 생기기 마련이다. 그러나 장민호는 '댄디 (dandy)'한, 도시적 세련남과 강인한 남성상을 동시에 갖춘 발성을 구사하고 있는 것이다. 그래서 그의 노래에선 세련되면서도 파워풀함과 강인한 '도시남' 같은 존재감이 선명하다. 이러한 발성 방식은, 너무 잘생겨 '바람남'같이 보일 수도 있는 장민호의 외모에 듬직하고 믿음직스러운 이미지까지 더하게 한다.

장민호는 다양한 색감을 지닌 보컬리스트다. 여러 장르를 두루 섭렵하며 그에 어울리는 창법과 톤을 적절하게 조합시킬 줄 안다. 팝발라드나 록, 트로트 등 하나만 하기에도 벅찬데도, 그는 이처럼 여러 장르를 잘 소화한다는 점에서 돋보이는 자기 변신과 연출력의 소유자다.

한 음 또는 반 음 정도 빠르게 끌어올리거나 내리는 벤딩 기술도 장르에 맞게 멋스럽게 구사하며 리듬처리 또한 흠잡을 데 없다. 어택이 필요한 구간에선 리듬을 잘 타며 강약 조절을 능란하게 하고, 적절한 벤딩 기술로 노래의 맛과 흐름을 잘 살릴 줄도 안다. 이미 그는 리듬을 몸에 갖고 다니며 필요할 때 그중 하나를 꺼내 쓰듯 노련한 '리듬 컨트롤러'이기도 하다.

그리고 이 모든 걸 더욱 빛나게 해주는 것이 장민호의 세련된 톤이다. 세련됐다는 건 '서투르거나 어색한 데가 없이 능숙하게 잘 다듬어져 있다', '말쑥하고 품위가 있다' 란 의미를 내포한다.

경희대 포스트모던음악학과 서근영 교수는 장민호의 가창에 대해 "비강 공명을 잘 활용해 세련된 톤을 연출하는 게 장점"이라고 평했다.

비강(鼻腔)은 코에서 뇌까지 이어지는 사이의 빈 공간, 두 개의 콧구멍의 호흡 통로다. 비강공명은 소리를 코안에서 울리도록 해 더욱 매력적인 음색으로 만드는 데 기여하는 발성 방식이다.

그렇다. 장민호가 노래하는 트로트는 '전통'이건 '세미' 트로트건 품격이 있다. 흑백영화를 연상케 하는 옛 정서임에도 클리셰가 남발하는 뻔한 방식의 통속성과 어느 정도 거리를 둔다. 여기엔 장민호의 세련된 음색(톤)이 단단히 한몫하는 것이다. 트로트를 노래하더라도 국악과 가요 발성을 넘나들며 이러한 톤을 잘 활용하고 있다는 게 장민호만의 강점이다.

굵고 파워풀한 중저음에 특화된 가수가 있는가 하면 맑고 부드러운 고음에 특화된 가수도 있다. '발라드에 잘 어울린다' '강력한 록 성향의 보컬이다'와 같은 말이 나오는 것도 가수마다 고유의 톤과 창법이 해당 장르와 찰떡궁합을 이루기 때문이다.

물론 발성 연습을 통해 자신을 더 넓게 다져갈 순 있지만 가수마다 지닌 기본적인 톤까지 180도 바꿀 순 없다.

이런 점에서 장민호는 대단히 유리한 고지에 있는 가수다. 특정 스타일에만 국한된 톤이 아니라 어떠한 장르에서도 잘 묻어나기 때문이다.

앞서 언급한 가창력과 좋은 리듬감, 정확한 딕션에 이러한 매력적 톤이 합을 이루며 향후 장민호는 '특정 장르'만이 아닌 '다양한 스타일'을 오가는 생명력 긴 가수로서 많은 사람들에게 꾸준히 듣는 즐거움을 주리라 기대한다.

젊은 세대서 노년층까지
폭넓은 팬덤

: 남녀 성비 2:8로 여성 팬 압도적

: 20대에서 노년층까지 폭넓은 사랑

: 인터파크티켓 데이터 기준

전국 지자체의 크고 작은 행사에서 트로트는 오랫동안 변함없는 사랑을 받고 있다. 행사장에서 관객은 가수의 노래를 따라 부르고 춤추며 한판 잔치를 벌인다. 이런 면에서 트로트는 공연, 즉 무대를 중심으로 하는 대표적인 '현장 음악'이자 가장 오랜 역사의 현장 음악 중 하나이기도 하다.

국내 최대 공연 티켓 예매사이트 '인터파크' 데이터에

의하면 장민호는 청년층에서 노년층에 이르기까지 다양한 연령대로부터 사랑받고 있다. 남녀 선호도는 2:8로, 여성 팬이 압도적으로 많다.

인터파크티켓 데이터를 통해 장민호 공연을 찾는 연령별 분포 관련 자세한 내용은 다음과 같다.

2021 장민호 단독 콘서트 투어 '드라마'

2021년 10월부터 12월까지 서울, 부산, 대구, 인천, 울산, 창원 등으로 이어진 공연이다. 2021년 10월 15~17일 서울 올림픽공원 올림픽홀에서 시작한 첫 공연은 남 19.9% 여 80.1%의 구매 성비를 보였다. 티켓을 가장 많이 구매한 층은 30대(33%)이며 20대(23.3%), 40대(19.5%), 50대(13.4%), 10대(2.2%) 등이 뒤를 이었다.

2021년 10월 23~24일 KBS부산홀 공연은 남 21.4% 여 78.6%로 40대(29.5%), 30대(26.5%), 20대(20.2%), 50대(13.8%), 10대(1.2%) 순이다.

2021년 11월 6~7일 대구 엑스코 컨벤션홀 공연은 남 23.1% 여 76.9%로 구매 점유율은 30대(31.7%), 40대(29.7%), 20대(16.6%), 50대(14.8%), 10대(2%) 순이다.

2021년 11월 13~14일 인천 송도컨벤시아 공연은 남 18.1%, 여 81.9% 비율로 30대(29.5%), 40대(25.8%), 50대(18.9%), 20대(13.1%), 10대(1.2%) 순으로 나타났다.

2021년 11월 20~21일 KBS울산홀(남 23.6%, 여 76.4%)은 40대(30.5%), 30대(27.7%), 50대(16.6%), 20대(16.3%), 10대(0.9%), 2021년 11월 27~28일 성남아트센터 오페라하우스(남 19.4%, 여 80.6%)는 30대(27.1%)와 40대(25.6%), 50대(18.6%)가 가장 많았고, 2021년 12월 4~5일 KBS창원홀(남 20.7%, 여 79.3%) 공연은 30대(30.6%), 40대(28.6%), 20대(15.9%), 50대(14.1%), 10대(2.3%) 순으로 나타났다.

2022 장민호 단독콘서트 '호시절'

"우리 마음속 깊은 곳의 추억, '호시절' 그 호시절이 쌓여 지금의 우리를 있게 했고, 새로운 호시절을 기다리며 지금을 살아갑니다. 장민호의 음악과 함께 과거의 호시절을 추억하고 앞으로 함께 만들어갈 우리의 호시절을 그려봅니다"라는 공연 소개에서 알 수 있듯이 팬들을 위해 다시 한번 '호시절(好時節)'을 만들어보고자 기획한 공연으로, 2022년 11월부터 2023년 1월까지 대구, 광주, 성남, 부산, 창원, 인천 등지에서 열렸다.

2022년 11월 12~13일 대구 경북대학교 대강당 공연은 남 22.6% 여 77.4%로 40대(28.7%)가 티켓 구매 1위, 뒤를 이어 30대(28%), 50대(17.5%), 20대(13.5%), 10대(1.2%) 순으로 나타났다.

2022년 11월 19~20일 광주 김대중컨벤션센터 다목적홀(남 18.9%, 여 81.1%) 공연은 40대(28.6%), 30대(28.2%), 50대(16.9%), 20대(16%), 10대(0.9%) 순이다.

2022년 11월 26~27일 성남아트센터 오페라하우스

(남 20.7%, 여 79.3%)는 40대(28.5%)가 1위, 뒤를 이어 30대(27.7%), 50대(18.7%), 20대(12.4%), 10대(1.1%)로 나타났다.

2022년 12월 10~11일 KBS부산홀(남 21.3%, 여 78.7%)은 30대(29.6%), 40대(29.2%), 20대(15.9%), 50대(14.8%), 10대(1.3%) 순이며, 2022년 12월 24~25일 KBS창원홀(남 19.2%, 여 80.8%)은 30대(28.7%), 40대(27%), 20대(19.6%), 50대(14%), 10대(1.4%) 순이다. 2023년 1월 28~29일 인천 송도컨벤시아(남 21.2%, 여 78.8%) 공연은 30대(27.2%), 40대(26.2%), 50대(18.7%), 20대(15.9%), 10대(1.2%) 등이다.

2023 장민호 전국투어 콘서트 '호시절:민호랜드'

2023년 11월부터 2024년 3월까지 서울, 대구, 부산, 대전, 인천, 그리고 서울 앵콜 공연으로 이어진 콘서트다. 2023년 11월 10~11일 연세대학교 대강당에서 열린 전국투어 첫 공연은 남 19.6% 여 80.4%의 구매 성비를 보였다. 티켓 구매는 30대(27.4%), 40대(25.5%), 50대(16.7%), 20대(15.7%), 10대(1%) 순으로 나타났다.

2023년 12월 2~3일 경북대학교 대강당(남 21.4%, 여 78.6%) 공연은 40대(29.3%), 30대(26.2%), 50대(17.9%), 20대(14.9%), 10대(1.3%) 순이다.

2023년 12월 23~24일 부산시민회관 대극장(남 23.1%, 여 76.9%)은 40대(28.9%), 30대(25.6%), 50대(16.6%), 20대(14.8%), 10대(0.9%)이며, 2024년 1월 6~7일 충남대학교 정심화홀(남 20.7%, 여 79.3%) 공연은 40대(27%)가 구매 1위이며 30대(25.4%), 50대(19.6%), 20대(14.4%), 10대(0.7%)가 뒤를 이었다.

2024년 1월 20~21일 인천 송도컨벤시아(남 22.2%, 여 77.8%)는 40대(28%), 30대(26.9%), 50대(18.7%), 20대(12.2%), 10대(0.7%), 그리고 2024년 3월 2~3일 경희대학교 평화의전당에서 열린 서울 앵콜 공연은 남 18.1% 여 81.9% 비율을 보였다. 티켓 구매 1위는 40대(26.4%)이며 이어 30대(20.7%), 50대(20.3%), 20대(12.7%), 10대(1.5%) 등으로 나타났다.

2022 장민호 & 이찬원 콘서트 '민원만족'

이찬원과 함께한 합동콘서트 '2022 장민호 & 이찬원 콘서트 민원만족'도 화제를 모았다. "함께라서 더 좋은 두 남자 이야기. 웃음꽃 눈물꽃 감성꽃 모두 만개! 일상을 더욱 특별하게 만드는 두 남자의 마술이 시작됩니다. 보석감성 노래들, 솔직담백한 이야기들이 있는 관객만족 쌍방소통 콘서트 '민원만족'"이란 소개에서 알 수 있듯이 이 합동공연은 2022년 5월 서울 공연을 시작으로 대전, 인천, 전주, 부산, 강릉 등 전국 9곳의 주요 도시를 돌며 팬들을 만났다. 열띤 호응에 힘입어 서울 잠실 실내체육관에서 앙코르 콘서트를 4회 개최하기도 했다.

'2022 장민호 & 이찬원 콘서트 민원만족' 첫 무대는 2022년 5월 6~8일 서울 잠실실내체육관에서 선보였다. 남 20.8% 여 79.2%의 티켓 구매 성비를 보였고, 30대(31.7%)가 티켓을 가장 많이 구입한 것으로 나타났다. 이어 40대(22.9%), 20대(19.2%), 50대(16%), 10대(1.3%) 순이다.

2022년 5월 21일 대전 컨벤션센터 공연은 남 19.6% 여 80.4% 구매 비율로 30대(28.6%), 40대(27.5%), 50대(18.5%), 20대(16.1%), 10대(0.7%) 순으로 티켓을 구매했다.

2022년 6월 5일 전주 한국소리문화의전당 야외공연장 공연은 남 21.1% 여 78.9%이며, 구매 1위는 40대(31.3%)이며 30대(30.8%), 20대(15.8%), 50대(14%), 10대(1.4%)가 뒤를 이었다.

2022년 6월 11~12일 KBS부산홀 공연은 남 23.4% 여 76.6% 티켓 구매 성비로 30대(31.2%)와 40대(28.9%)가 가장 많이 티켓을 구입했다. 이어 20대(16.5%), 50대(15%), 10대(0.8%) 순으로 나타났다.

2022년 6월 26일 청주대학교 석우문화체육관 공연은 남 25.3% 여 74.7%로 구매 1위는 30대(32.8%), 뒤를 이어 40대(25.9%), 20대(18.4%), 50대(15%), 10대(1.3%) 순이다.

2022년 7월 10일 안양체육관과 2022년 7월 24일 강릉 가톨릭관동대학교 체육관 공연도 30대, 40, 50대 순으로 티켓 구매가 이어졌다.

2022년 8월 6~7일 대구 엑스포 공연은 남 22.9% 여 77.1%로 30대(31.6%)가 티켓을 가장 많이 샀고 이어 40대 (25.9%), 20대(18%), 50대(15.6%), 10대(0.9%) 순으로 나타 났다.

2022년 8월 27~28일 서울 잠실실내체육관에서 열린 '민원만족 − 서울 앵콜' 공연은 남 21.1% 여 78.9% 성비에 30대(30%)와 40대(24.7%)가 가장 많이 티켓을 구입했다. 20대(17.9%), 50대(17%), 10대(1.2%)가 뒤를 이었다.

위의 통계에서 염두에 둬야 할 게 있다. 고연령대는 인 터넷으로 공연 티켓을 구매하는 방식이 서툴러 자식이 대 신 해줄 때가 적지 않다. 따라서 20대 또는 30대 자식이 부 모를 위해 티켓을 구매했을 때 데이터상으론 20대, 30대

가 구매한 것으로 카운트된다. 이러한 부분을 고려한다 해
도 장민호에 대한 인기는 매우 폭이 넓다. 이것은 장민호
가 여러 예능 프로그램은 물론 젊은 층이 많이 몰리는 스
포츠 경기 등 전방위적인 영역에서 활동한 데에도 그 이유
를 찾을 수 있다.

다양한 스타일의 음악으로
꾸준히 사랑받아

: 솔로 전향 후 여러 싱글 및 정규·미니 앨범 발매

: 정규 1집, 최고 작곡진 가세 '트로트 표방'

: 정규 2집, 발라드와 재즈 등 다양한 장르 외연 확장

: 미니앨범, 트로트·국악·유로댄스·라틴음악까지

: 모든 앨범에 정상의 세션 연주자 라인업

장민호는 1997년 4인조 보이그룹 '유비스'로 데뷔했다. 이어 2011년 3월 21일 〈사랑해 누나〉로 트로트 솔로 가수로 새롭게 출발했다.

장민호는 솔로 가수 전향 이래 지금까지 2장의 정규앨범과 2장의 미니앨범, 그리고 여러 싱글 음원을 발매했다.

2017년 1월 2일 발매한 첫 번째 정규앨범 [드라마]는 박화요비, 성시경, 김민교 등을 작업한 전 도레미 수석프로듀서 '윙즈 엔터테인먼트' 신훈철 대표와 장민호가 공동 프로듀싱을 맡았다. 김근동, 설운도, 오승은, 정동진, 양주, 마경식, 운명선 등 유명 작사·작곡진이 함께하며 〈연리지〉, 〈드라마〉, 〈남자는 말합니다〉, 〈내 이름 아시죠〉, 〈바람 같은 인생〉, 〈남자 대 남자〉, 〈내 동생〉, 〈사랑해 누나〉, 〈수은등〉 등을 선보였다.

두 번째 정규앨범 [Eternal]은 2022년 11월 1일 발매 예정이었으나 '이태원 참사'를 애도하며 잠정 연기했고, 11월 8일 정식 발매됐다. 카드형 스마트 앨범인 네모 형태로 제작돼 NFC, 네모 코드, QR 코드 등 세 가지 방식 중 하나로 정품 인증해 스마트폰에서 음성, 영상, 이미지 등을 편리하게 이용할 수 있게 선보였다.

임창정, 이동철, 멧돼지(박성수), 김희연, 이용구 등 여러 작사·작곡진이 가세한 정규 2집은 〈사랑 너였니〉를 필두로 〈와인 한잔해요〉, 〈희망열차〉, 〈가슴이 울어〉, 〈노래하고 싶어〉, 〈신발끈〉, 〈타임머신〉, 〈미워야 연인이라 했나요〉, 〈눈물이 뚝뚝〉, 〈풍악을 울려라〉 등 여러 히트곡으로 사랑 받았다. 트로트 중심의 정규 1집과 달리 이 앨범부터 장민호는 본격 발라드를 표방한 곡부터 다양한 스타일의 음악을 선보이며 폭넓은 외연과 깊이를 지닌 실력파 가수라는 걸 보여줬다.

장민호는 2022년 1월 6일 미니 1집 [에세이 ep.1]을 발매했다. 조영수, 알고보니 혼수상태, 뮤지, 최재은 등 유명 작곡진과 함께 〈고맙고 미안한 내 사람〉, 〈무뚝뚝〉, 〈정답은 없다〉, 〈저어라〉 등을 선보였고 세션진 또한 신현권, 강수호, 이태윤, 정재필, 김현아 등등 각 분야 정상의 연주자들이 함께했다.

2022년 1월 13일(목) SBS 파워FM '두시탈출 컬투쇼'에 출연한 장민호는 앨범 타이틀이 '에세이 ep.1'인 것에 대해 "앞으로 미니앨범을 낼 때 '에세이'란 이름으로 내기로 했다. 준비하는 동안의 마음과 스토리가 앨범에 담겨져 있다. 곡에 대한 느낌을 코멘트로 적고 프롤로그, 에필로그도 넣어 진짜 책처럼 나왔다"고 밝혔다.

2023년 10월 30일 발매한 미니 2집 [에세이 ep.2]는 김정욱, 신동필, 최재은, X-CHILD, 손요셉 등 여러 작곡진과 의기투합해 〈꽃처럼 피던 시절〉, 〈휘리릭〉, 〈그때 우린 젊었다〉, 〈소원〉, 〈아! 님아〉 등을 선보였다.

장민호의 여러 싱글과 정규 및 미니앨범 수록곡들은 'PART 2'에서 자세히 다루었다.

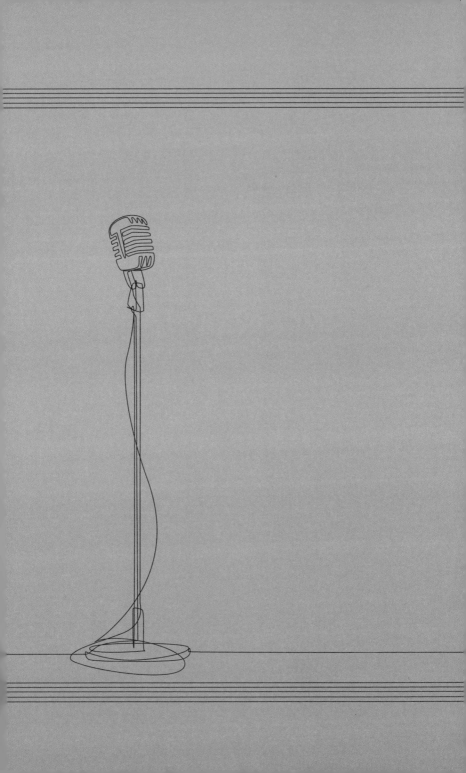

PART 2

정규와 미니앨범,
싱글 음원
전곡 리뷰

그간 장민호가 발표한 싱글과 정규앨범 및 미니앨범 수록곡을 모두 다루었다. 쉽게 찾아볼 수 있도록 발매 순서가 아니라 곡 제목 기준 가나다 순으로 나열했음을 밝혀둔다. 곡마다 작사와 작곡가 및 세션 연주자 정보를 명기했고 관련 인물에 대한 정보도 정리해 곡을 이해하는 데 도움이 되도록 했다.

가슴이 울어

극적 감정표현 + 호소력 + 영화적 상상력까지

작사·작곡 김정욱
이주연(피아노) / 한덕용(기타) / 장재혁(베이스)
/ 최상준(드럼) / 김현아(코러스) / 융스트링(스트링)

앨범 [Eternal] 수록곡으로 열창하는 장민호의 면모를 여실히 접할 수 있다.

이주연의 피아노와 융스트링의 애잔한 선율이 격조 있게 흐르는 인트로에 이어 노래가 시작된다. 30초가량 연주되는 서정성 높은 클래시컬 인트로는 한 편의 영화를 떠올리게 할 정도로 남다른 감흥을 준다.

노래가 시작되는 "벌써 몇 해가 지나가 버렸어/이제는 잊을 때도 됐는데/꽃은 또 피고 새봄이 왔어도/아직도 넌

내 안에 있어"에서 장민호의 매력적인 톤의 진성을 접할
수 있다. 이러한 좋은 소리는 노래가 계속되는 가운데 곡
이 말하고자 하는 슬픈 정서, 진지함, 격조 등을 더욱 진정
성 있게 연출하고 있다. 이러한 가창 방식이야말로 진선미
를 상징하는 가장 장민호다운 어법 중 하나이기도 하다.

"아무리 달래도 가슴이 울어"의 '아무리~'에선 '하무리
~', '가슴이'에서도 '카슴이~' 하는 식으로 감정을 더욱 고
조시켜 극적으로 표현한다.

짙은 호소력으로 절절한 심정을 노래하고 있음에도 통
속적인 가창으로 흐르지 않고 깔끔하게 마무리하고 있다.
바로 이런 게 노련미다.

〈가슴이 울어〉를 쓴 김정욱은 사랑과 평화, 전인권밴드
등에서 활동했다. 조용필 〈바람의 노래〉와 〈기다리는 아
픔〉, 김종찬 〈사랑이 저만치 가네〉, 최진희 〈천상재회〉,
전인권 〈새야〉 등 많은 곡을 작곡했다. 그 외 양희은, 박미

경, 강산에, 권인하, 위일청, 소양, 박상민, 김영임 등 많은
가수와 작업했다. 2024년 8월 25일 기준 한국음악저작권
협회에 312곡이 등록돼 있다.

가슴이 울어

벌써 몇 해가 지나가 버렸어
이제는 잊을 때도 됐는데
꽃은 또 피고 새봄이 왔어도
아직도 넌 내 안에 있어
잊을 수 있다고 웃을 수 있다고
다짐하고 또 다짐했지만
시간이 갈수록 슬픔은 커지고
그리움도 점점 커져
그리워 그리워 가슴이 울어
아무리 달래도 가슴이 울어
하지만 이렇게 살아갈 거야
잊혀지면 더 슬플 테니까
잊을 수 있다고 웃을 수 있다고
다짐하고 또 다짐했지만
시간이 갈수록 슬픔은 커지고
그리움도 점점 커져
그리워 그리워 가슴이 울어

아무리 달래도 가슴이 울어
하지만 이렇게 살아갈 거야
잊혀지면 더 슬플 테니까
잊혀지면 더 슬플 테니까

고맙고 미안한 내 사람

가요 발라드 발성과 장민호식 톤의 만남

작사·작곡 조영수
정수완(기타) / 신현권(베이스) / 장혁(드럼)
/ 한길(키보드) / 융스트링(스트링)

앨범 [에세이 ep.1] 수록곡으로 사랑하는 사람에게 전하는 고마움과 미안함을 편지 형식으로 노래하는 발라드다.

장민호만의 세련된 톤 연출과 애절한 감성이 발라드라는 장르의 속성과 절묘하게 합을 이루는 노래다.

장민호는 "약속할게요 그대 내 남은 모든 시간"에서 '시간'을 '시~가안~~'으로 가성으로 톤을 바꾸거나 "그댈 위해 모두 쓰겠소" 등 전반적으로 가요 발라드 발성을 멋지게 연출하고 있다.

조영수는 SG워너비, 이승철, 김종국, 씨야, 이수영, 이승기, 다비치, 홍진영, 티아라 등 많은 가수의 히트곡을 쓴 스타 작곡가다. 특히 이승철 〈그런 사람 또 없습니다〉, SG워너비 〈내 사람〉 〈라라라〉, 홍진영 〈사랑의 배터리〉 등은 지금까지 많은 사랑을 받고 있는 빅히트곡이다. 2024년 8월 25일 기준 한국음악저작권협회에 715곡이 등록돼 있다.

각 분야 정상의 세션 연주자들이 함께했다. 정수완은 BTS 투어밴드 '고스트' 멤버 및 아이유, 임재범, 임창정, SG워너비, 트와이스, 다비치, EXO 등 많은 가수를 세션했다.

신현권은 국내 세션계를 대표하는 베이시스트로 나훈아, 남진, 이승철, 보아, 임재범, 성시경 등 많은 가수의 곡을 연주했다. 신현권은 휴대폰이 대중화되기 전인 90년대까지 '삐삐'를 5개나 차고 다닐 정도로 셀 수 없이 많은 세션 의뢰를 받았다고 필자에게 말했다.

드러머 장혁은 성시경, 박완규, 박상민, 조정석 등 7000

곡 넘게 세션했고 이선희 밴드마스터이기도 하다.

한길은 서인영 〈편해졌니〉, 설하윤 〈Forever More〉,
알리 〈Just Stay〉, 황치열 〈듣고 있니〉 〈매일 쓰는 사투리〉
등 여러 곡의 작곡자 및 장윤정, 홍진영, 다비치, 유산슬,
케이시, 정동원 등 많은 가수의 곡을 편곡했다.

2009년 창단한 융스트링은 지금까지 수만 곡 넘게 세션
한 국내 대표 스트링 세션악단으로 단원 모두 정통 클래식
을 전공한 재원들이다. 심상원·김미정 공동 악장 체제로
운영되고 있다.

고맙고 미안한 내 사람

고맙고 미안한 내 사람

고맙고 미안한 내 사람

긴 세월 불안한 내 곁에서

나를 믿어준

그댈 위해 나는 노래 부르리

사랑한다는 그 말

미안하다는 그 말

따뜻한 한마디 못해준 못난 사람

약속할게요 그대

내 남은 모든 시간

그댈 위해 모두 쓰겠소

고맙고 미안한 내 사람

고맙고 미안한 내 사람

고운 그대 두 눈가에

항상 눈물만 남겨준

이런 나를 용서할 수 있나요

사랑한다는 그 말

미안하다는 그 말

따뜻한 한마디 못해준 못난 사람

약속할게요 그대

내 남은 모든 시간

그댈 위해 모두 쓰겠소

살다가 너무 힘이 들 때면

내 어깨에 기대 편히 쉬기를

행복하기를 그대

울지 말기를 이제

그댄 누구보다 행복해야 될 사람

내가 그대를 만나

사랑한 모든 날들

기적 같은 행운이었소

고맙고 미안한 내 사람

그때 우린 젊었다

레트로 무드와 신스팝의 경쾌한 조우

작사·작곡 김정욱 / 편곡 유영호
서창원, 한덕용(기타) / 유영호(드럼·fx)
/ 김정욱(신시사이저) / 김현아(코러스)

[에세이 ep.2] 수록.

"태양처럼 빛났다 오로지 앞만 보고 달려갔었다", "힘들어도 좋았다 초록의 풀잎처럼 싱그러웠다", "하늘을 날아가는 새들보다도 우리들의 이상은 더 높았다" 등 일련의 가사에서 알 수 있듯이 불가능은 없다고 여기던 아름다운 젊은 날을 노래했다.

복고풍의 신나는 리듬과 신스팝 요소를 가미해 이러한 젊은 날의 이미지를 잘 연출하고 있다. 인상적인 후렴을

맨 앞으로 배치해 노래 초반부터 강렬한 임팩트를 주는 방식이 눈길을 끈다.

음원과 함께 공개한 〈그때 우린 젊었다〉 뮤직비디오는 주인공인 중년 회사원의 고달픈 사회생활을 보여준다. 주인공은 휴식시간에 모니터 속 장민호의 영상을 보며 젊은 날 밴드부 시절을 회상한다. 이어 주인공의 연락을 받은 밴드부 멤버들은 고깃집에 하나둘 모여들고, 그때 고깃집 문을 열고 장민호가 등장한다. 그는 밴드부와 합석해 〈그때 우린 젊었다〉를 부르며 즐거워한다. 뮤직비디오에서 장민호는 댄스 가수로 변신해 음악과 잘 어울리는 레트로한 분위기의 무대부터 복고풍 의상까지 감상자의 향수를 불러일으키게 한다.

장민호는 2023년 10월 31일 오후 10시 방송된 TV조선 '화요일은 밤이 좋아'에서 〈그때 우린 젊었다〉 무대를 처음 공개했다.

이 곡을 편곡한 유영호는 〈휘리릭〉〈꽃처럼 피던 시절〉〈가슴이 울어〉〈노래하고 싶어〉〈사랑 너였니〉〈눈물이 뚝뚝〉 등 장민호의 여러 곡을 편곡했다. 또한 한혜진의 〈슬픈 탱고〉〈밑창〉 작곡 및 홍주, 서주경, 김연자, 백승일 등 여러 가수와 편곡 작업을 했다.

서창원은 조항조, 임지훈, 김용임, 홍지윤, 한혜진, 류지광, 조영남, 추가열 등 많은 가수의 곡을 편곡했다. 2024년 8월 24일 기준 한국음악저작권협회에 239곡이 등록돼 있다.

한덕용은 장민호 투어밴드 마스터 및 서사무엘 밴드 멤버로도 활동했다. 백제예술대 실용음악과 및 단국대 문화예술대학원과 경희대 아트퓨전디자인대학원 퍼포밍아트 실용음악학을 전공했다.

그때 우린 젊었다

그때 우린 젊었다
태양처럼 빛났다
오로지 앞만 보고 달려갔었다
그때 우린 좋았다
힘들어도 좋았다
초록의 풀잎처럼 싱그러웠다
그땐 정말 젊었다
피어나는 꽃들의 향기보다도
우리들의 향기가 더 진했다
하늘을 날아가는 새들보다도
우리들의 이상은 더 높았다
어두웠던 날들도 있었지만은
우리들의 타는 가슴을 막지 못했다
그때 우린 젊었다
태양처럼 빛났다
오로지 앞만 보고 달려갔었다
그때 우린 좋았다

힘들어도 좋았다
초록의 풀잎처럼 싱그러웠다
그땐 정말 젊었다
피어나는 꽃들의 향기보다도
우리들의 향기가 더 진했다
하늘을 날아가는 새들보다도
우리들의 이상은 더 높았다
어두웠던 날들도 있었지만은
우리들의 타는 가슴을 막지 못했다
그때 우린 젊었다
태양처럼 빛났다
오로지 앞만 보고 달려갔었다
그때 우린 좋았다
힘들어도 좋았다
초록의 풀잎처럼 싱그러웠다
그땐 정말 젊었다
우린 젊었다 젊었다

꽃처럼 피던 시절

폭넓은 공감대, 회고적 정서가 매력

작사 · 작곡 김정욱

한덕용(기타) / 장재혁(베이스) / 최상준(드럼)

/ 이주연(피아노) / 김경호(아코디언)

[에세이 ep.2] 수록.

노래를 들으면 알 수 있듯이 나이를 먹는 세대에겐 더욱 크게 공감가는 가사다. 장민호는 마치 시를 읊듯 또는 무언가를 다짐하듯 노랫말 하나하나를 음미하듯 진지하게 연출하고 있다.

노래 초반인 0:27 "석양이 물든 강가에 서니/옛 생각이 스쳐간다"에선 아련한 그리움을 0:40 "별 하나에 내 꿈을 새~기던 그 시절이 떠~오른다"에선 '새~기던'과 '떠~오른다'에서 각각 담백한 비브라토와 다소 깊게 거는 비브라토를 병행하며 곡의 분위기를 고조시켜 간다. 이러한 방식은 장민호가 감성적인 가요 발라드를 많이 불렀기 때문에 가능한 표현들이다.

2:15부터 2:41까지 흐르는 아코디언 연주는 이 곡의 모든 세션 파트 중에서 하이라이트다. 회고적 정서에 이보다 더 잘 어울리는 악기 연출은 찾기 힘들 만큼 탁월한 선택이다. '아코디언 킴'으로도 잘 알려진 김경호는 아코디언, 아이리시 휘슬, 멜로디언 등 여러 악기를 연주하는 멀티악기 세션 뮤지션이다.

2023년 11월 9일 방송된 MBC ON '트롯챔피언'에서 〈그때 우린 젊었다〉와 〈꽃처럼 피던 시절〉 무대를 처음 공개했다.

장민호와 여러 차례 호흡을 맞춘 김정욱이 작사와 작곡을 맡았다.

장재혁은 '비갠후', '쓰마밴드' 등의 멤버 출신의 세션 베이스 연주자다. KBS '동네변호사 조들호', '별난 가곡', SBS '미녀공심이' 등 드라마 OST에도 참여했다.

드러머 최상준은 임재범 30주년 전국투어, '노라조' 출신의 이혁 밴드(전 노라조) 및 박정수, 이재성 등 여러 가수를 세션했다.

피아노를 연주한 이주연은 많은 가수의 건반 세션을 하고 있는 연주자다.

꽃처럼 피던 시절

석양이 물든 강가에 서니
옛 생각이 스쳐간다
별 하나에 내 꿈을 새기던
그 시절이 떠오른다
그때는 꿈도 많았지
힘겨워했던 날도 있었어
하지만 돌이켜 생각하면
정말 아름다운 날들이었어
꽃처럼 활짝 피었던
그 시절은 흘러갔지만
나는 지금의 내가 더 좋아
정말 난 행복해
앞으로 살아갈 날이
살아온 날보다 적어도
한 점 부끄럼 없는 날들이
되게 살아갈 거야
그때는 꿈도 많았지

힘겨워했던 날도 있었어
하지만 돌이켜 생각하면
정말 아름다운 날들이었어
꽃처럼 활짝 피었던
그 시절은 흘러갔지만
나는 지금의 내가 더 좋아
정말 난 행복해
앞으로 살아갈 날이
살아온 날보다 적어도
한 점 부끄럼 없는 날들이
되게 살아갈 거야

남자 대 남자

트로트 발성과 장민호식 진정성의 만남

작사·작곡 정동진 / 편곡 박광복

앨범 [드라마] 수록.

〈남자 대 남자〉는 기타 오블리가토를 비롯해 악기 연주가 전형적인 트로트 스타일을 들려준다. 장민호의 보컬 또한 트로트 발성을 충실히 따르고 있다.

노래가 시작되는 "남자 대 남자로 부탁합니다/눈물로 부탁합니다"에서 '부탁합니다'를 '부타캅니다'로 강하게 발음하고 있다. 그만큼 가슴에서 울리는 소리를 통해 진지함을 더하며 이러한 분위기로 시종 노래를 유지해 간다.

"어이가 없으시겠죠/험한 말 이해합니다"의 '이해합니다~~'의 끝음에서 매우 강렬하게 비브라토를 연출하며 감정을 터트린다. 초반부 "눈물로 부탁합니다"의 '합니다~~'의 느린 템포로 약하게 거는 비브라토와는 다른 연출이다. 전자는 가요적인 느낌이 내포된 반면 후자는 전형적인 트로트 비브라토 기술이다. 이 한 곡에서도 장민호의 감정 처리가 얼마나 색채적이고 다채로운지 알 수 있다.

전체적으로 (강한) 남자의 단호함, 그러나 그 이면의 (연인에 대한) 깊은 사랑을 낭만적으로 잘 연출했다.

작곡가 정동진은 유지나 〈속 깊은 여자〉와 〈눈썹달〉, 문영미 〈건드리지 마〉를 비롯해 정하윤, 양지원 등 많은 가수와 작업했다. 그는 90년대 많은 인기를 얻은 여성 로커 도원경의 〈성냥갑 속 내 젊음아〉 작사가이기도 하다. 또한 서문탁 〈불새〉를 비롯해 사극 형태의 뮤직비디오 촬영으로 화제를 모은 박현빈 〈춘향아〉 등 여러 히트곡을 작곡했다. 한국음악저작권협회에 203곡(2024년 8월 25일 기준)이 등록돼 있다.

박광복은 김호중의 〈할무니〉 편곡자로 잘 알려져 있다. 이외에 진미령, 나태주, 김양, 김혜연, 손태진, 추가열 등 많은 가수의 곡 편곡 작업을 했다.

남자 대 남자

남자 대 남자로 부탁합니다
눈물로 부탁합니다
지금 당신 옆에 서 있는
여린 풀잎같은 그 여자
내게로 보내주세요
어이가 없으시겠죠
험한 말 이해합니다
하지만 그 여자 사랑을 약속한
오래 전 내 여잡니다
집을 달라시면 집을 드리고
차를 달라시면 차를 드리고
뭐든지 다 드릴게요
그 사람만 그 사람만
나에게 돌려주세요
어이가 없으시겠죠
험한 말 이해합니다
하지만 그 여자 사랑을 약속한

오래 전 내 여잡니다
집을 달라시면 집을 드리고
차를 달라시면 차를 드리고
뭐든지 다 드릴게요
그 사람만 그 사람만
나에게 돌려주세요
그 사람만 그 사람만
나에게 돌려주세요

남자는 말합니다

고전적 의미의 한국 남성(남편)상 너무 잘 표현

작사 윤명선 / 작곡·편곡 양주

2013년 5월 16일 발매.

〈남자는 말합니다〉는 자신만을 믿고 변함없이 사랑해 준 연인에 대한 고마움을 노래했다. 이 곡은 금영엔터테인먼트가 2021년을 결산하며 발표한 차트에서 'SK NUGU 읽어주는 금영노래방 가장 많이 불린 TOP10' 차트 4위에 올랐다(1위는 임창정 〈소주 한잔〉이다). 장민호는 2022년 11월 17일 SBS '나이트라인 초대석'에 출연해 〈남자는 말합니다〉가 자신의 오늘을 있게 한 노래라고 밝혔다.

장민호는 SBS '나이트라인 초대석'에서 〈남자는 말합니다〉는 느린 트로트 발라드라며, 처음에 이 노래를 가지고 나왔을 때 주변에서 많은 사람들이 우려했다고 당시를 기억했다. 신인 트로트 가수가 느린 노래로 성공하기엔 시간이 너무 오래 걸린다는 게 이유였다. 그래서 잘 안 될 거라며 걱정을 해준 것이다. 그러나 장민호는 이 곡을 받고 "될 거"란 확신을 가졌다. 이러한 자신감으로 매일 열심히 연습하며 노래했다.

고전적 의미의 한국 남성(남편)의 가장 일반화된 사례를 너무 잘 표현한 작품이다. 가사 하나하나가 가슴에 박힐 만큼 노래가 끝날 때까지 미동도 못하게 하는 마력을 지녔다. 마치 故 하수영의 1970년대 빅히트곡 〈아내에게 바치는 노래〉를 연상케 하는 찬가다.

고 하수영이 묵직한 저음 보컬로 아내에 대한 사랑과 미안함을 표현했다면, 장민호는 전혀 다른 어법을 택했다. 초반부터 음정을 높게 잡고 때론 각혈하듯 가창자의 감성을 극적으로 표현하고 있는 것이다. 비브라토도 매우 강렬하게 걸며 노래한다. 이것은 시대성, 즉 대중음악의 트렌드와도 연관돼 있다. 상대에 대한 사랑을 직접적으로 표현하지 않고 한번 돌려 표현하던 70년대식 정서에 하수영 특유의 묵직하고 격조있는 저음 보컬이 절묘하게 합쳐진 게 〈아내에게…〉다. 그러나 40여 년이 지난 지금의 대중음악 트렌드, 즉 직접적 노골적인 표현방식이 주를 이루는, 장민호의 〈남자는…〉에도 이러한 현 시대상이 반영돼 있는 것이다. 가사 하나하나를 너무 절절하게 표현하고 있어 언제 들어도 '흉금을 울린'다.

이 곡을 작사한 윤명선은 장윤정 〈어머나〉, 슈퍼주니어 T 〈로꾸꺼〉, 유지나 〈쓰리랑〉, 윤미래 〈떠나지 마〉, 조관우 〈이별의 정원〉 및 심수봉, 이승철, 다비치, 손담비, 마야, 김장훈, 김흥국 등 많은 가수와 작업한 한국 대표 작곡가다. 한국음악저작권협회 회장을 역임한 바 있다.

작곡가 양주는 양경주, 양갱, 삼박자3 등 여러 이름으로

활동하며 린, 백지영, 빅원, 모모랜드, 우주소녀, 에일리,

정기고, 스피카, 애즈원, 윤하 등 많은 가수와 작업했다.

남자는 말합니다

여행 갑시다 나의 여자여

하나 뿐인 나의 여자여

상처투성이 병이 들어버린 당신

여행가서 낫게 하리다

나란 사람 하나만 믿고

같이 살아온

바보 같이 착한 사람아

남자는 말합니다

고맙구요 감사해요

오직 나만 아는 사람아

안아봅시다 나의 여자여

하나 뿐인 나의 여자여

고운 얼굴에 쓰여진 슬픈 이야기

오늘 밤에 지워봅시다

나란 사람 하나만 믿고

같이 살아온

바보 같이 착한 사람아

남자는 말합니다

고맙구요 감사해요

오직 나만 아는 사람아

나란 사람 하나만 믿고

같이 살아온

바보 같이 착한 사람아

남자는 말합니다

고맙구요 감사해요

오직 나만 아는 사람아

오로지 나만 아는 사람아

내 동생

소리를 눌렀다 폈다 하는 설운도식 내공 잘 나타나

작사·작곡 설운도

관계자에 의하면 이 곡을 수록한 앨범 [드라마]는 장민호의 앨범 중에서도 작업시간이 많이 걸렸다고 한다. 노래는 물론 녹음(음향)에 이르기까지 더욱 신경을 많이 썼기 때문이다.

〈내 동생〉은 앨범 [드라마]에서 화제를 모은 곡 중 하나다.

이 곡을 작사·작곡한 설운도는 탁월한 가수일 뿐 아니라 임영웅, 신유 등 여러 가수에게 곡을 준 히트곡 메이커 작곡가이기도 하다.

〈내 동생〉은 곡이 시작되는 "세상에 하나뿐인 내 동생 가슴을 파고드는 내 동생/처음 만난 순간부터 내 맘을 뺏어갔어"에서 알 수 있듯이 초반부터 설운도 스타일이 잘 나타나 있다.

설운도는 소리를 눌렀다 폈다 하는 내공이 대단한 트로트 가수다. 그의 곡은 리듬을 쉴 새 없이 밀고 당기며 듣는 재미를 더해주는데, 바로 이게 곡의 흐름을 더욱 자연스럽고 리드미컬한 사운드의 생동감 있는 트로트를 연출한다.

장민호는 이러한 곡 성향에 맞게 리듬을 쥐락펴락하며 마치 축제를 연상케 하듯 경쾌하게 노래한다. 듣기만 해도 흥이 저절로 나는 곡이다.

"세상에 하나뿐인 내 동생"부터 "날 위해 울어줄 거고 날 위해 웃어줄 테니/살아야 할 남은 인생 행복은 이제부터야"까지 맛스럽고 구성지게 부르며 리드믹한 진행을 잘 이어간다. 트로트로 제2의 가수 인생을 선언한 장민호가 이 장르에 대한 소화력이 자연스러워지고 자신감 있게 부른다는 걸 보여주는 곡이기도 하다.

내 동생

세상에 하나뿐인 내 동생

가슴을 파고드는 내 동생

처음 만난 순간부터

내 맘을 뺏어갔어

볼수록 매력 있는 내 동생

때론 오빠 같은 내 동생

곁에 있는 순간부터

나는 행복했어

이젠 외롭지 않아

이젠 슬프지 않아

나 믿고 의지할 동생이 있으니

날 위해 울어줄 거고

날 위해 웃어줄 테니

살아야 할 남은 인생

행복은 이제부터야

세상에 둘도 없는 내 동생

사랑에 빠져드는 내 동생

처음 만난 순간부터

내 맘을 뺏어갔어

볼수록 매력 있는 내 동생

때론 오빠 같은 내 동생

함께 하는 순간부터

나는 행복했어

이젠 외롭지 않아

이젠 두렵지 않아

나 믿고 의지할 동생이 있으니

날 위해 울어줄 거고

날 위해 웃어줄 테니

살아야 할 남은 인생

사랑은 이제부터야

행복은 이제부터야

내 이름 아시죠

사극에 삽입돼도 좋을 절절한 발라드

작사 장민호 / 작곡 장민호·유종운 / 편곡 유종운

앨범 [드라마] 수록.

장민호의 시적 감성이 번득이는 노랫말에 그가 직접 작곡까지 했다. '절절하다'란 표현에 가장 잘 어울리는 작품이다.

0:18 "어두운 그 길을 어찌 홀로 가나요"부터 0:27 "새들도 나무들도 슬피 우는 밤" 그리고 0:35 "조심 조심 가세요" 등 초반부터 드라마를 연기하는 것처럼 감정 몰입이 일품인 딕션 처리를 접할 수 있다.

사극에 삽입되면 좋을 듯한 애절한 발라드 곡으로, 탄식하듯 토해내는 단어 하나하나가 절절하게 가슴을 울린다.

장민호는 2020년 9월 24일 방송한 TV조선 '신청곡을 불러드립니다—사랑의 콜센타'에서 100세 팬의 요청으로 이 곡을 불렀다. 장민호는 "부르려고 해도 전주가 나오면 부르지 못했던 곡인데 오늘은 꼭 불러보겠다"며 진심을 다해 열창해 주변을 눈물바다로 만들었다.

〈내 이름 아시죠〉는 부친상을 당한 뒤 만든 사부곡이라 라이브 무대에선 좀처럼 볼 수 없어 이 방송은 더욱 큰 화제를 모았고, 곡 발표후 3년이 지나 음원차트 역주행으로 이어졌다.

장민호와 공동 작곡자 유종운은 신화, 임팩트, 나인뮤지스, 업텐션, 제국의아이들 등 많은 가수와 작업했다. 또한 '나는 가수다'와 '불후의 명곡' 프로그램 편곡 작업도 한 바 있다.

많은 사람에게 사랑받고 있는 노래로 자리 매김한 만큼,

각종 경연 프로그램에서 출연자들이 부르는 걸 자주 볼 수 있다. '미스트롯2'의 김소유, '미스트롯3'의 복지은, '미스터트롯2'의 박성온, '화요일은 밤이 좋아'의 윤태화, '미스쓰리랑'의 정서주, '미스터로또'의 진해성(이상 TV조선), 그리고 MBN '불타는 장미단'의 김다현 등 〈내 이름 아시죠〉 리메이크 곡은 한둘이 아니다. 장민호의 원곡도 훌륭하지만 다른 사람들의 리메이크도 각자 다른 매력으로 다가와 다양한 감상의 묘를 느끼게 한다.

내 이름 아시죠

어두운 그 길을 어찌 홀로 가나요

새들도 나무들도 슬피 우는 밤

조심 조심 가세요

넘어지면 안돼요

달님이 그 먼길을 지킬겁니다

내 이름 아시죠

한 글자 한 글자 지어주신 이름

내 이름 아시죠

가시다가 외로울 때 불러주세요

길 잃으면 안돼요

꿈에 한 번 오세요

잘 도착했다 말해요

조심조심 가세요

넘어지면 안돼요

달님이 그 먼길을 지킬겁니다

내 이름 아시죠

한 글자 한 글자 지어주신 이름

내 이름 아시죠

가시다가 외로울 때 불러주세요

길 잃으면 안돼요

꿈에 한 번 오세요

잘 도착했다 말해요

길 잃으면 안돼요

꿈에 한 번 오세요

잘 도착했다 말해요

노래하고 싶어

장민호가 말하고자 하는 모든 걸 녹인 상징적 트랙

작사 장민호 작사 / 작곡 장민호 · 김희연 / 편곡 유영호
한덕용(기타) / 서해인(피아노) / 백관우(색소폰)
/ 정다운(트럼펫) 김민수(트롬본) / 김현아, 유영호(코러스)

[Eternal] 수록.

장민호가 작사 · 작곡을 한 것에서도 알 수 있듯이 이 곡
은 가수 장민호가 말하고자 하는 모든 것이 나타나 있는
상징적인 노래다. 장민호의 자전적 삶, 그 자체랄 수 있다.

특히 가사 중 "노래를 다시 생각해봅니다"부터 "진심 하
나만 있으면 됩니다"란 구절은 바로 이 곡에서 말하고자
하는 포인트다. 그에게 있어 음악은 곧 진정성이라는 걸
다시 한번 웅변적으로 보여주는 노랫말이다.

0:48 "세상에 눈 뜨고부터/이 삶의 끝까지~"로 이어지는 부분부터는 마치 뮤지컬을 접하는 듯한 분위기로 반전된다.

이처럼 이 곡은 잔잔하게 시작해 관객에게 큰소리로 자신의 메시지를 외치는 뮤지컬의 장점이 잘 결합해 시너지를 내고 있다. 무엇보다 가사 하나하나에 연기하듯 몰입하며 표현하는 장민호의 가창이 인상적이다.

〈노래하고 싶어〉 편곡자 유영호는 '해바라기' 유익종의 아들이다. 이 곡에서 유영호는 김현아와 코러스 세션을 했다. 유영호는 오래전부터 베테랑 코러스 보컬 김현아와 아는 사이라서 이 곡 코러스를 의뢰할 때도 평소처럼 "알아서 해주세요"라고 주문했다고 한다. 그만큼 음악적으로 믿음이 깊은 사이다.

서해인의 피아노 반주에 맞춰 장민호가 어쿠스틱 무드로 노래를 진행한다. 서해인은 서경대 전국 실용음악

콩쿠르 피아노 부문 1위 및 빅마마, 김종현 팬 콘서트 'Sparkling Eternity', 그리고 장민호 전국투어 콘서트 '호시절:민호랜드' 건반 세션을 했다. 그리고 MBN '불타는 장미단' 레코딩, 장민호/이찬원 합동콘서트 '민원만족', 박정수 나눔콘서트 등에서 세션으로 참여했다.

노래하고 싶어

노래를 안 하기로 했습니다
노래가 쉬운 일은 아니죠
목소리 하나로 담아내는 게
참 어려운 일이죠
어릴 때 이런 꿈을 꿨습니다
수많은 사람들의 함성과
나를 밝혀주는 조명 아래서
등장하는 나를요
세상에 눈뜨고부터
이 삶의 끝까지 함께 사는 동안
곁에 있을 노래
우리 외로울 때나
또 아파 눈물 날 때도
힘이 될 이 노래
아 진짜 나도 노래하고 싶어,
가수 되고 싶어 정말
아 진짜 나도 노래하고 싶어,

가슴 깊이 남을 노래
마이크에 (마이크에)
이 맘 실어 (이 맘 실어)
오늘도 난 (오늘도 난) 부릅니다
노래를 다시 생각해 봅니다
노래가 어려운 건 아니죠
목소리 하나로 담아내는 건
진심 하나만 있으면 됩니다
세상에 눈뜨고부터
이 삶의 끝까지 함께 사는 동안
곁에 있을 노래
우리 외로울 때나
또 아파 눈물 날 때도
힘이 될 이 노래
아 진짜 나도 노래하고 싶어,
가수 되고 싶어 정말
아 진짜 나도 노래하고 싶어,

가슴 깊이 남을 노래

마이크에 (마이크에)

이 맘 실어 (이 맘 실어)

오늘도 난 (오늘도 난) 부릅니다

마이크에 (마이크에)

이 맘 실어 (이 맘 실어)

오늘도 난 (오늘도 난) 부릅니다

오늘도 난 노래를 부릅니다

눈물이 뚝뚝

발라드 곡이지만 매우 까다로운 음역 구사

작사 · 작곡 최재은

이주연(피아노) / 한덕용(기타) / 장재혁(베이스))
/ 최상준(드럼) / 김현아(코러스) / 융스트링(스트링)

[Eternal] 수록.

가수로서 장민호의 매력 특장점을 십분 알 수 있게 하는
노래다.

이 곡은 0:23 '떠나간 그대 생각이 나요'부터 0:31 '이 밤
홀로 불러본 이름', 그리고 1:44 '눈물이 뚝뚝 뚝뚝 뚝뚝'부
터 '떨어지네요 내 두 볼 위로 흐르는 눈물'까지 저음에서
고음으로 음역이 자주 바뀌며 진행되는 구간이 많다. 발라
드 구성으로선 음역을 꽤 까다롭게 표현해야 하는 방식을

쓴 게 눈에 띈다.

그러나 장민호는 저음에서도 소리가 죽지 않고 정확히 구사하며 곧바로 고음으로 올라가는 부분에서도 흔들림 없이 명확하게 소리를 구사한다. 평범하지 않아, 그래서 더욱 쉽지 않은 진행이 요구되는 곡임에도 무리없이 잘 마무리했다. 다른 곡보다 많은 연습과 노력이 필요했던 작품으로 보인다.

〈눈물이 뚝뚝〉을 작사·작곡한 최재은은 박효신, 박화요비, 엄정화, 유채영, 소방차, 신효범, 성대현, Y2K 등 여러 가수와 작업한 중견 작곡가다.

드럼 세션은 장민호 투어밴드 드러머 최상준이 맡았다. 그는 장민호 외에 임재범 30주년 전국투어와 노라조 이혁 밴드 드럼 세션도 한 바 있다.

기타 세션은 장민호 밴드의 한덕용이 맡았다.

112

눈물이 뚝뚝

소리 없이 내리는 눈물

떠나간 그대 생각이 나요

이 밤 홀로 불러본 이름

그대 떠나고 처음 불러봅니다

하루하루 지내다 보면

그대 흔적들 많이 남아서

가끔 멍해질 때 있어요

그대 너무 생각나서

오늘은 마음먹고

그대 생각하려고

옛 추억 떠올려 보다

잘해주지 못했던

내가 너무 미워서

술 한 잔으로 달래 보지만

눈물이 뚝뚝 뚝뚝 뚝뚝

떨어지네요

내 두 볼 위로 흐르는 눈물

어느 누가 알까요?

그댈 그리는 마음

뜨거운 가슴의 눈물을

오늘은 마음먹고

그대 생각하려고

옛 추억 떠올려 보다

잘해주지 못했던

내가 너무 미워서

술 한 잔으로 달래 보지만

눈물이 뚝뚝 뚝뚝 뚝뚝

눈물이 뚝뚝 뚝뚝 뚝뚝

떨어지네요

내 두 볼 위로 흐르는 눈물

어느 누가 알까요?

그댈 그리는 마음

뜨거운 가슴의 눈물을

뜨거운 가슴의 눈물을

대박 날 테다

어택, 속도감, 텐션 모두 잘 살린 발성

작사 제이큐·BONO·이지혜·김수진·안형연/ 작곡 멧돼지·김태홍·가여니
정수완(기타) / 유종채(베이스) / 김태홍(드럼) / 박가연(피아노)
/ 멧돼지(신시사이저) / 김현아, 멧돼지(코러스)

2020년 5월 20일부터 7월 1일까지 방영한 김응수, 박해진 주연의 MBC 수목드라마 '꼰대인턴' OST로 삽입된 곡이다. 최악의 꼰대 부장이 부하직원으로 오면서 '갑을 관계'가 바뀌며 벌어지는 일을 코믹하게 그렸다.

장민호는 영탁, 이찬원, 김희재, 이수영에 이어 '꼰대인턴' OST 다섯 번째 가창자로 나서 2020년 6월 18일 정오 각종 온라인 음원사이트를 통해 〈대박 날 테다〉를 공개했다.

매일 반복되는 하루 속 지치고 힘든 날도 있지만 곧 좋

은 날이 올 테니 다 함께 웃고 힘내자는 메시지를 담은 노래다.

매우 빠른 진행의 경쾌한 곡으로, 인트로부터 강렬한 록 기타가 곡의 열기를 더욱 고조시킨다. 또한 간간 들을 수 있는 와우 이펙트 소리도 활력소다. 세션 기타리스트 정수완의 재치가 돋보이는 부분이다. 박가연의 피아노 솔로도 로큰롤과 여타 장르의 힘찬 에너지를 연상케 한다.

이런 곡에선 발성 시 어택을 잘 살려야 하는데 장민호는 곡에 딱 맞는 강하고 절도 있는 소리 어택을 구사하고 있다. 그래서 더욱 리드믹한 연출로 노래가 시원스럽게 흐르고 있다. 특히 "Oh 대박 대박 대박 나에게로 와라"나 "그대로 나를 따라 따라와 니가 워너다" 같은 부분은 마치 질주하는 듯한 속도감과 텐션이 함께하며 노래에 활력을 불어넣는다. 후일 빠른 비트를 쏟아내는 힙합 스타일을 응용한 노래도 무리없이 소화할 수 있지 않을까 기대해본다.

멧돼지(박성수)는 임창정, 신화, S.E.S, 태사자, 문희준, 플라이투더스카이, 진주, 펜타곤, 켄(빅스), 알리, 서은광, 임영웅, 정동원 등 많은 가수의 곡을 쓴 유명 작곡가다.

제이큐(JQ, 본명 이재광)는 보아, 엑소, 트와이스, 강다니엘, 몬스타엑스, 있지, 더보이즈, NCT 127 등 많은 슈퍼 아이돌과 많이 작업한 K팝계의 스타 작사가 중 하나다.

대박 날 테다

오늘은 또 몇 시에 집에 가

칼퇴가 웬 말 눈치싸움 실패했어

매일 똑같은 하루 속에

숨이 막힐 것 같은 나지만

잘 봐 곧 좋은 날 올 테니까

Oh 대박 대박 대박 나에게로 와라

크게 한번 터트려보자

그대로 나를 따라 따라와

니가 위너다

빨리빨리 따라와

좋아 청춘아 좋아 힘을 내봐

웃자 세상아 대박 날 테다

숨죽이고 오늘도 난 버텨

며칠만 참자 월급이면 해결된다

잘하면 니 덕 잘못하면

나를 탓하냐 만만해 내가

잘 봐 곧 터질 날 올 테니까

Oh 대박 대박 대박 나에게로 와라

크게 한번 터트려보자

그대로 나를 따라 따라와

니가 위너다

빨리빨리 따라와

좋아 청춘아 좋아 힘을 내봐

웃자 세상아 대박 날 테다

Oh 대박 대박 대박 나에게로 와라

크게 한번 터트려보자

그대로 나를 따라 따라와

니가 위너다

빨리빨리 따라와

좋아 청춘아 좋아 힘을 내봐

웃자 세상아 대박 날 테다

대박 날 테다

대박 날 테다

드라마

혀에 힘이 많이 들어간 소리 구사로 힘차고 강렬한 딕션

작사 · 작곡 마경식

앨범 [드라마] 수록.

"사랑에 울다 웃다 해봤고 그깟 돈 있다 없다 해봤고",
"사는 게 드라마더라" 등 서민적 정서를 가장 적절하고 극
적으로 표현한 노랫말이 가장 먼저 와닿는 곡이다. 이렇게
쉬운 표현을 가사로 잘 녹여 '인생은 한 편의 드라마'라고
외치는 작업이 결코 쉬운 일이 아니다.

장민호는 혀에 힘이 많이 들어가는 발성으로 가사 하나
하나를 힘차고 강렬하게 표현하고 있다. 곡이 요구하는 분

위기에 잘 어울리는 방식이다.

1절 마지막 "아 아아 우리 인생 드라마"에서 1:28 '아아'
의 '아~~'와 1:31 '드라마'의 '마~~' 부분에서 느리지만
큰 폭으로 비브라토(바이브레이션)를 길게 걸며 드라마 같
은 길고 파란만은 삶을 상징적으로 연출한다.

이 곡을 쓴 사람도 주목할 만하다.

〈드라마〉 작곡가 겸 프로듀서 마경식은 록그룹 '아발란
쉬' 리드보컬로 활약했다. 아발란쉬는 80년대 후반에서 90
년대까지 국내 헤비메틀계에서 맹활약한 밴드다. 서태지
〈하여가〉에서 기타 솔로를 연주한 인물이 이 팀의 기타리
스트 이태섭이다.

이처럼 초강력 메틀 보컬리스트로 출발한 마경식은 김
경호 〈목숨〉, 윙크 〈얼쑤〉와 〈좋다〉, 박정현 〈커플〉, 소찬
휘 〈나빠요〉 등 많은 히트곡을 썼다. 이외에 젝스키스, 영

턱스클럽, 안재욱, 클레오, 리아, 핑클, Y2K, 컨트리꼬꼬, 손지창 등 많은 가수와 작업하며 작곡가 프로듀서로서 위상을 확고히 했다.

드라마

사랑에 울다 웃다 해봤고

그깟 돈 있다 없다 해봤고

산 넘어 또 산 쉽지만은 않더라

사는 게 드라마더라

병 주고 약도 주던 세월아 네월아

별의별 일 많구나

드라마 내가 내가 드라마

이 사연을 누가 알 텐가

설탕같이 달다가

커피같이 쓰다가

아 아아 우리 인생 드라마

사랑에 울다 웃다 해봤고

그깟 돈 있다 없다 해봤고

산 넘어 또 산 쉽지만은 않더라

사는 게 드라마더라

병 주고 약도 주던 세월아 네월아

별의별 일 많구나

드라마 내가 내가 드라마

이 사연을 누가 알 텐가

설탕같이 달다가

커피같이 쓰다가

아 아아 우리 인생 드라마

아 아아 내가 내가 드라마

무뚝뚝

브로드웨이 분위기를 '뉴 트로트'로

작사 혼수상태 / 작곡 알고보니 혼수상태
정재필(기타) / 이태윤(베이스) / 이진실(드럼)
/ 김지환(피아노 · 브라스)/ 김경범(키보드) / 김현아(코러스)

[에세이 ep.1] 수록곡으로 장민호란 캐릭터를 음악에
잘 대비시킨 작품이다.

작곡 듀오 '알고보니(김지환) 혼수상태(김경범)'는 곡 의뢰
를 받고, 장민호라는 가수에게 과연 어떤 스타일이 잘 어
울릴지 고민을 많이 했다.

장민호는 트로트계의 신사이고 외모도 이국적 매력이
물씬 풍기는 가수다. 그래서 떠올린 게 전 세계 공연의 메
카인 미국 브로드웨이 분위기다. 이 곡을 재지(Jazzy)한 느

낌이 함께하는 뉴트로트 풍으로 만든 것도 이러한 이유에서다.

〈무뚝뚝〉 멜로디는 이미 예전에 알고보니 혼수상태가 구상해놓은 것이었다. 그러나 이 멜로디에 어울리는 가수를 찾지 못하던 중 장민호 소속사로부터 곡 의뢰를 받고 이 멜로디가 떠올랐던 것. 이 선율에 브로드웨이 풍 편곡을 얹으면 장민호와 딱 맞는 곡이 되겠단 생각이 들었던 것이다.

가사에서도 알 수 있듯이 〈무뚝뚝〉은 이별하는 상황을 쓴 곡이다. 알고보니 혼수상태는 필자에게 이렇게 말했다.

"남자들은 헤어질 때 앞에서 울지 않고 뒤돌아서 눈물을 흘리는 경우가 많아요. 바로 이런 걸 〈무뚝뚝〉에 녹이고 싶었습니다. 장민호 님은 노래를 워낙 잘해 녹음 작업도 1시간이 안 될 만큼 금세 끝났어요. 또한 장민호 님은 연습을 철저하게 하고 오는 스타일이기도 해요."

이 책을 위해 초기부터 현재까지 장민호의 곡을 들었는데, 〈무뚝뚝〉에서 흥미로운 걸 발견했다. 장민호의 발성에서 허스키가 더 많이 묻어 나오고 있다는 것이다. 많은 연습량에 기인한 성대의 피로도, 그러나 더욱 여물어가는 그러한 레벨로 들어서는 느낌이랄까. 이전 곡을 듣다가 이 곡을 접하면 필자가 말하는 내용을 이해할 수 있을 것이다.

'사내다운' 격을 지키며 여자와 헤어지는 남자의 마음을 표현하기 위해 장민호는 흉성 발성을 중심으로 사용하고 있다. 흉성은 가슴 부위에서 시작되는 중저음의 굵은 소리로, 전형적인 남자의 보이스다. 마음속 깊이 품은 생각, 즉 "흉금(胸襟)을 터놓고 대화하자"의 '흉'도 가슴을 뜻하는 것이다. 가슴소리, '흉성'은 굵고 묵직한 울림을 주므로 발성에서도 중요한 소리 구사 중 하나로 인식되고 있다.

장민호는 〈무뚝뚝〉에서 사내, 남자라는 오리지널리티를 한껏 살리기 위해 이처럼 흉성 발성으로 진정성 있게 소리 연출을 하고 있다.

"이별한 남자에게 묻지 마라"부터 흉성 발성으로 시작해 "떠나는 남자에게 묻지 마라"의 '떠나는'에서 소리를 살짝 띄우며 톤을 다르게 처리하는데, 이게 센스다. 이 가사를 노래하는 데 8초의 시간이 흐르지만, 이 러닝타임 동안 소리에 변형을 가하며 노래해 듣는 재미를 더해준다.

"여자는 울고 남자는 무뚝뚝/뭐가 그리 냉정하냐고"에선 비브라토를 살짝 걸며 가창자의 감정을 강조하곤 비트를 당기듯 잡아채고 여유있게 쏘아 보내는 식의 리듬 컨트롤도 멋지다.

"남자 남자 남자 이별은/가슴으로 우는 겁니다"의 '가슴으로 우는'에선 '카슴으로 후~우~는'이라고 발음하고 있다. 전형적인 흉성 발성에서 나오는 깊이와 굵고 힘찬 표현방식이다.

장민호의 보컬 외에 각 악기 세션 연주도 멋지다. 트로트니까 이렇게 연주해야 한다는 정형화된 방식이 아니라,

세련되고 남다른 내공이 엿보인다. 트렌디하다고 해도 과
언이 아니다.

드럼만 미디(MIDI)로 작업했고 기타와 베이스는 실연으
로 완성도를 높이고 있다. 특히 정재필은 트로트 세션에선
쉽게 들을 수 없는 기타 사운드를 펼치고 있다. FX 같은 특
이한 음악효과도 넣어보는 등 관행화된 트로트 클리셰를
탈피하고 재미있는 시도를 하고 있는 것이다. 일렉트릭이
나 어쿠스틱 기타 소스를 받아 리버스(Reverse) 해놓은 다
음, 플러그인으로 리버브(Reverb, 마치 넓은 공간에서 연주하
는 것처럼 울리는 소리로 입체감을 더해주는 녹음 효과) 톤을 특
이하게 만드는 방식으로 리버스를 기타로 색다르게 표현
했다. 다시 말해, 기존 사운드를 완전히 거꾸로 뒤집어서
반대로 들려주는 방식을 시도한 것이다. 정재필은 일상적
인 연주가 아니라 특이하게 작업하는 방식을 선호하다 보
니, 장민호를 세션할 때도 이처럼 관행화된 게 아닌 새로
운 걸 넣어보고 싶었던 것이다.

기타 세션을 이렇게 한 것에 대해 작곡자인 알고보니 혼수상태는 "신기하고 재미있다", "신선하다"며 매우 긍정적인 반응을 보였다.

트로트는 이렇게 연주해야 한다는 게 아니라 이처럼 다른 시도를 추구하는 건, 이후 트로트 연주의 다양성과 깊이에도 좋은 참고가 될 것으로 보인다. 작곡자 입장에서도 "아, 이런 소스도 기타화할 수 있구나"라고 여기며 이후 이런 부분에서 편곡 방식을 달리 할 수 있게 될 수도 있는 것이다. 그만큼 방법론이 넓어질 수 있다는 의미이기도 하다.

무뚝뚝

이별한 남자에게 묻지마라

떠나는 남자에게 묻지마라

여자는 울고 남자는 무뚝뚝

뭐가 그리 냉정하냐고

남자 남자 남자 이별은

가슴으로 우는 겁니다

여자 여자 여자 마음에

미련이 남겨질까봐

무뚝뚝 무뚝뚝

뒤돌아서 뚝뚝뚝

뜨거운 내 가슴을 속여가며

차가운 바람되어 떠나간다

돌아선 걸음 걸음걸음마다

옛정이 터져버린다

남자 남자 남자 이별은

가슴으로 우는 겁니다

여자 여자 여자 마음에

미련이 남겨질까봐

무뚝뚝 무뚝뚝

뒤돌아서 뚝뚝뚝

비가 내리네 비가 비가 내리네

바람이 부네 바람 바람이 부네

차가운 이별의 선명한 엔딩이

점점 더 가까워지네

남자 남자 남자 이별은

가슴으로 우는 겁니다

여자 여자 여자 마음에

미련이 남겨질까봐

무뚝뚝 무뚝뚝

뒤돌아서 뚝뚝뚝

뒤돌아서 뚝뚝뚝

미워야 연인이라 했나요

임창정식 딕션과 리듬 처리

작사 임창정 / 작곡 임창정 · 멧돼지 · 늑대
정수완(기타) / 유종채(베이스) / 강수호(드럼) / 길은경(피아노)
/ 융스트링(스트링) / 멧돼지(신시사이저) / 늑대(키보드)

앨범 [Eternal] 수록곡으로 임창정이 장민호를 위해 선
물한 세미트로트 발라드다.

임창정은 안정된 고음부터 탁월한 감정선까지 아날로
그 스타일로 멋지게 노래하는 명 보컬이다. 이런 특징이
느린 템포에서 잘 나타나 있어 '임창정표 발라드'라고 불리
기도 한다.

임창정의 노래들은 제대로 따라 부르기에 결코 쉽지 않
은 난도 높은 곡이 주를 이룬다. 그 자신이 대단한 가창력

을 지닌 탁월한 보컬리스트이기도 하다. 이 곡도 예외는
아니다.

〈미워야 연인이라 했나요〉는 초반부터 임창정 같은 분
위기 표현 방식으로 이어진다. 가사의 한 프레이즈와 다른
프레이즈로 빠르게 잇는 방식, 소리의 여백을 주지 않고
촘촘하게 이어가며 감정선을 고조시키는 이러한 표현은
임창정의 전매특허 같은 발성법이자 가창 스타일이다.

0:54부터 절정으로 터지는 "가질 수 없는 건 사랑뿐 아
니라/추억 버릴 수도 없는/영원할 것만 같았던/그날의 뜨
거운 다짐들"도 임창정식 발라드의 전형을 듣는 듯하다.

장민호도 가창력 면에서 뒤지지 않는 실력과 가수란 걸
잘 보여주는 곡이기도 하다. 그러나 너무 임창정 같은 뉘
앙스가 자주 보인다는 게 2% 아쉬움이라면 아쉬움이다.

피아노를 연주한 길은경은 제6회 유재하 음악경연에서

'비 오는 날'로 은상을 받았다. 한영애, 김건모, 신승훈, 박효신, 아이유, 이선희, 김범수 등등 많은 가수의 곡에 세션으로 참여했고, MBC '나는 가수다'와 엠넷 '보이스 코리아' 하우스밴드에서도 활동했다. 제3회 가온차트 K팝 어워드 '올해의 실연자' 부문을 수상했으며, 현 서경대 실용음악 교수로 재직 중이다.

미워야 연인이라 했나요

미워야 연인이라 했나요?

나 아님 안 된다던 그대여

내 삶은 아파도 좋아요

그대여 제발 잘 살아요

인연은 있어서 만나져 사랑은 했

네요

마치 써놓은 일기처럼

그저 좋았던 우리 지난날

그렇게 내 것인 줄만 알았어

가질 수 없는 건 사랑뿐 아니라

추억 버릴 수도 없는

영원할 것만 같았던

그날의 뜨거운 다짐들

미워야 연인이라 했나요?

나 아님 안 된다던 그대여

내 삶은 찢겨도 좋아요

거기선 제발 잘 살아요

인연은 있어서 만나긴 했지만

아파요

마치 써놓은 일기처럼

그저 좋았던 우리 지난날

언제나 내 것인 줄만 알았어

가질 수 없는 건 사랑뿐 아니라

추억 버릴 수도 없는

영원할 것만 같았던

그날의 뜨거운 다짐들

가질 수 없는 건 사랑뿐 아니라

추억 버릴 수도 없는

영원할 것만 같았던

그날의 뜨거운 다짐들

영원할 것만 같았던

그날의 뜨거운 다짐들

바람 같은 인생

장민호만의 고음과 저음 대비 뚜렷한 곡

작사 · 작곡 박민호

앨범 [드라마] 수록.

정통 트로트 진행의 곡으로 일렉트릭 기타의 강렬한 인트로 솔로에 이어지는 장민호의 열창이 멋지다. 특히 장민호가 장기로 하는 고음과 저음 대비, 음역 편차가 뚜렷한 진행을 잘 소화하고 있는 게 돋보인다.

0:56 "되돌아가기엔 너무나 먼 길"의 '되돌아' 같은 저음은 제대로 발음하기가 쉽지 않은 가사다. 이어 "어차피 떠나가는 길"로 고음역으로 터트리며 감정을 연출하고 있다.

저음과 고음 대비가 큰 곡이다.

1:18 "사나이 가슴에"의 '가슴에~'를 '카아~스음에~'로 발음하는 건 남자 트로트 가수에게서 자주 볼 수 있는 전형적인 발성법이다. 이런 식의 표현이야말로 가창자의 진심, 진정성을 가장 극적으로 담아내는 것이기 때문이다.

곡 사이사이 나오는 어쿠스틱 기타 오블리가토가 구성지게 흐른다. 베이스와 오르간 연주 또한 내공이 엿보이는 열연이다.

〈바람 같은 인생〉의 작사·작곡자 박민호는 문희옥, 계은숙, 우순실, 성은, 한서경, 정승일 등 많은 가수와 작업했다.

바람 같은 인생

바람아 불어라

내 가슴 가득 불어라

어디서 오는지 어디로 가는지

묻지도 따지지도 마

되돌아가기엔 너무나 먼 길

어차피 떠나가는 길

사나이 가슴에 분홍빛 사랑

얼룩이 진다해도

오가는 인연 속에 흩어져버린

내 인생 바람 같구나

바람아 불어라

내 청춘 잊고 불어라

사랑이 오는지 사랑이 가는지

묻지도 따지지도 마

되돌아가기엔 너무나 먼 길

어차피 떠나가는 길

사나이 가슴에 분홍빛 사랑

얼룩이 진다해도

오가는 인연 속에 흩어져버린

내 인생 바람 같구나

내 인생 바람 같구나

사는 게 그런 거지

인생의 희로애락 가장 극적으로 표현

작사 강은경 / 작곡 조영수
이성열(기타) / 신현권(베이스) / 장혁(드럼) / 조영수(피아노·코러스) / 한길
(신시사이저) / 권병호(아코디언) / 융스트링(스트링) / 권석홍(스트링 편곡)

우리 인생사를 노래하는 와중에 진한 위로를 선사하기
위한 곡으로 록과 트로트 접목을 표방했다. 2021년 8월 8
일 발매했다.

1:07부터 1:18까지 "어떤 날은 웃었다가/사는 게 그런
거지/쉬운 게 하나 없어"에서 각혈하듯 강렬하게 지르는
부분은 인생의 희로애락을 가장 극적으로 표현하고 있다.

〈사는 게 그런 거지〉를 작사한 강은경은 SG워너비의
〈Timeless〉, 홍진영의 〈사랑의 배터리〉 등 여러 히트곡의

노랫말을 썼다.

역시 이러한 인생살이 노래에선 아코디언이 좋은 장치 중 하나다. 곡의 분위기를 맛깔스럽게 살려주고 있는 아코디언은 권병호가 연주했다. 권병호는 조용필, 나훈아, BTS, 이문세, 박완규, 거미 등 수많은 아티스트 세션 및 '불어라 미풍아', '별에서 온 그대', '기황후', '솔약국집 아들들' 등 여러 OST에도 참여한 멀티악기 세션 연주자다.

선이 굵은 일렉트릭 기타 연주를 펼치고 있는 이성열은 조용필, 한영애, 동방신기, 소녀시대, 이승철밴드, 성시경, 윤종신, 김호중 등 다양한 장르를 작업한 세션 연주자로 현재 임영웅밴드 기타리스트이기도 하다.

2021년 8월 13일 방송된 TV조선 '내 딸 하자'는 장민호의 신곡 녹음 현장을 공개했다. 이 방송에서 장민호는 "'미스터트롯' 끝나고 거의 몇백 곡이 들어왔다"며 "조영수 작곡가와 작업을 하면서 딱 두 곡을 흥얼거리면서 '이 노래

어때?'라고 했는데 바로 두 세 번 듣지도 않고 정했다"며
〈사는 게 그런 거지〉가 나오게 된 배경을 설명했다.

영탁이 카메오로 출연한 뮤직비디오도 화제를 모았다.
뮤직비디오에서 영탁은 지하철 카세트 판매원으로 분해 씬
스틸러로 활약했다. 장민호는 영탁의 흔쾌한 출연에 고마
움을 전하며 동생에 대한 남다른 애정을 드러내기도 했다.

사는 게 그런 거지

빛나는 꿈을 안고
세상 위에 나섰건만
늦은 퇴근 차창에 기대어
피곤한 눈 감아본다
오늘을 산다는 것
고달프고 외로운 일
힘들어도 힘들다 못 하고
무얼 위해 달려가나
사는 게 그런 거지
맘대로 되진 않아
어떤 날은 무너졌다가
어떤 날은 웃었다가
사는 게 그런 거지
쉬운 게 하나 없어
세상살이란 게 그런 거더라
인생은 그런 거지
세상을 산다는 것
두렵고도 설레는 일

알 수 없는 내일의 끝에는
무엇이 날 기다리나
사는 게 그런 거지
맘대로 되진 않아
어떤 날은 무너졌다가
어떤 날은 웃었다가
사는 게 그런 거지
쉬운 게 하나 없어
세상살이란 게 그런 거더라
사는 게 힘겨워도
그래도 살아야지
이런 나를 믿고 기다린
내 사람이 있으니까
사는 게 그런 거지
그래서 사는 거지
다시 살게 하는 힘이 되더라
사랑은 그런 거지

사랑 너였니

'고막남친' 본격 발라더로서의 면모 보여

작사·작곡 김정욱
이주연(피아노) / 한덕용(기타) / 장재혁(베이스)
/ 최상준(드럼) / 융스트링(스트링) / 김현애(코러스)

앨범 [Eternal] 타이틀곡으로 장민호가 본격 발라더로 서의 면모를 보이고 있다.

"어느 날 내게 왔어 소나기처럼 왔어", "어린아이처럼 설레는 이 마음", "도대체 나 지금 왜 이러는 걸까 사랑 너 였니 내 가슴 뛰게 만든 게" 등 사랑을 알게 되고 느낀 경 이롭고 벅찬 감정을 노래했다.

장민호만의 따뜻한 감성, 이 정도면 '고막남친'으로서도 멋진 변모다.

피아노 솔로와 어쿠스틱 기타 인트로에 이어 0:20 "어느 날 내게 왔어 소나기처럼 왔어"로 장민호의 노래가 시작된다. 노래 시작과 동시에 이러한 감성 발라드를 표현할 수 있다는 건 그만큼 장민호의 강점이기도 하다. 많은 장르로 다져진 그의 매력적인 톤도 빛을 발한다.

1절이 끝나고 나오는 현악기 연주는 애절하기 그지 없다. 역시 융스트링의 세션은 이러한 분위기를 가장 잘 연출한다. 이주연의 피아노도 곡의 분위기를 한 편의 영화처럼 그리고 있다.

여타 트로트 가수들과 달리 장민호는 이러한 감성 발라드도 탁월하게 잘 부르는 걸 높이 사고 싶다. 아이돌로 시작해 트로트까지 많은 장르를 노래하며 다진 내공이 이러한 곡에서 여실히 빛을 발하고 있는 것이다. 물론 세련된 톤까지.

사랑 너였니

어느 날 내게 왔어,

소나기처럼 왔어

그리고는 내 가슴 적셨어

갑자기 내게 왔어,

한줄기 별빛 되어

그리고는 내 가슴 뛰게 했어

어린아이처럼 설레는 이 마음

도대체 나 지금 왜 이러는 걸까?

사랑 너였니?

내 가슴 뛰게 만든 게

사랑 너였니?

나 눈물 나게 하는 게

빗물보다 별빛보다

나를 흠뻑 적신 게

사랑 너였니? 나의 참사랑아

어린아이처럼 설레는 이 마음

도대체 나 지금 왜 이러는 걸까?

사랑 너였니?

내 가슴 뛰게 만든 게

사랑 너였니?

나 눈물 나게 하는 게

빗물보다 별빛보다

나를 흠뻑 적신 게

사랑 너였니? 나의 참사랑아

사랑 너였니?

내 가슴 뛰게 만든 게

사랑 너였니?

나 눈물 나게 하는 게

빗물보다 별빛보다

나를 흠뻑 적신 게

사랑 너였니? 나의 참사랑아

사랑해 누나

장민호의 힘찬 트로트 출사표

작사 한정민 · 김길래 / 작곡 한정민
이성열(기타) / 도윤숙(코러스)

2011년 3월 21일 발매한 장민호의 트로트 데뷔 싱글로 후일 앨범 [드라마]에도 수록됐다.

노랫말이 참 재미있다.

"아차차차 실수했네 깜빡했었네
와따따따 따따 누난 내게 한마디 하겠지
알다가도 모르는 게 여자라지 예쁘면 다 그래
변덕스런 누나의 마음 모르겠어
백 번을 잘해주고 한 번을 못해줬다고

진짜 진짜 굿바이더냐

…………………

누나를 떠나라는 말 빼곤 다해줄게요

나만 믿어요 약속할게요 누나의 영원한 기사될게요

사랑해 누나 한 번만 안아줘요"

2011년 발매 때엔 "아리까리 모르는 게 여자라지"라고
돼 있었지만 이후 '아리까리'가 '알다가도'로 바뀌었다.

J. S. 바흐의 〈토카타와 푸가〉를 샘플링한 전주로 시작
된다. 흥겨운 리듬을 타는 가운데 사랑하는 여인에게 사랑
과 헌신을 고백하는 내용의 곡이다. 장민호는 힘차고 경쾌
하게 노래하고 있다.

〈사랑해 누나〉를 작사·작곡한 한정민은 이은미의 〈마
주치지 않기를〉을 비롯해 한혜진, 연지연, 로디, 오지혜,
장성민, 세이렌 등의 곡을 썼다.

기타 세션의 이성열은 조용필, 동방신기, 소녀시대, 한영애, 백지영, 성시경, 윤종신 등등 많은 가수를 세션한 국내 정상의 세션 기타리스트다. 퓨전재즈 타입의 본격 기타 연주곡 솔로 앨범도 발매한 바 있다.

코러스 세션한 도윤숙은 애니송 가수 겸 작사·작곡가로 엠시더맥스, 김동욱, 박상민, 김종민 등 여러 가수의 곡을 썼다. 후일 도예은으로 개명했다.

사랑해 누나

사랑해 누나 한번만 안아줘요

아차차차 실수했네 깜빡했었네

와따따따 따따

누난 내게 한마디 하겠지

알다가도 모르는 게 여자라지

예쁘면 다 그래

변덕스런 누나의 마음 모르겠어

백번을 잘해주고 한번을 못해줬다고

진짜 진짜 굿바이더냐

누나 누나 사랑해

누나 한번만 안아줘요

누나를 떠나라는 말 빼곤

다해줄게요

나만 믿어요 약속할게요

누나의 영원한 기사될게요

사랑해 누나 한번만 안아줘요

아차차차 실수했네 깜빡했었네

와따따따 따따

누난 내게 한마디 하겠지

알다가도 모르는 게 여자라지

예쁘면 다 그래

변덕스런 누나의 마음 모르겠어

백번을 잘해주고 한번을 못해줬다고

진짜 진짜 굿바이더냐

누나 누나 사랑해

누나 한번만 안아줘요

누나를 떠나라는 말 빼곤

다해줄게요

나만 믿어요 잘해줄게요

누나의 영원한 기사될게요

사랑해 누나 한번만 안아줘요

사랑해 누나 한번 더 안아줘요

누나 누나

상사화

남진 원곡과 달리 폭발적인 '경연용' 가창 방식으로 접근

작사 김병걸 / 작곡 김동찬 / 편곡 유영호·배새롬
배새롬(스트링) / 한덕용(기타) / 유영호(키보드)

장민호가 TV조선 '미스터트롯' 준결승 레전드 미션곡으로 선보이며 많은 사랑을 받았던 곡을 다시 한번 장민호만의 애절함으로 리메이크했다.

남진의 〈상사화〉가 원곡이다. 이 책을 쓰기 위해 다시 한번 남진의 원곡을 들었는데 역시 그가 왜 한 세대를 풍미한 레전드인지 알 수 있게 했다. 남진이 이렇게도 노래를 잘했던가 생각할 만큼 감동이 밀려온다. 장민호 또한 못지않게 자신의 매력을 최대치로 잘 이끌어내고 있다.

남진 원곡은 3분 31초지만 장민호는 3분 57초로 원곡보다 템포를 25초가량 느리게 불렀다. 남진 원곡은 당대를 대표하는 작품으로 비교하기 힘들 만큼 매력적으로 노래했다. 장민호는 소리를 위로 경쾌하게 띄워 부르는 남진의 원곡과 다른 방식으로 접근하고 있다. 두 곡 모두 너무 매력적이라 '비교우위'가 아닌 듣는 '취향'의 관점에서 보는 게 적절하다.

소리를 길게 끌지 않음은 물론 다소 담백한 느낌으로 부르고 있지만 그 안에 모든 감성을 절묘하게 녹여내는 방식의 남진과는 달리 장민호는 전형적인 70~80년 대형 솔로 가수의 열창식으로 접근하고 있다.

장민호는 곡의 하이라이트인 "내 안에 그대는 영원하리"의 경우 1절 '하리~'는 3초 내외로 노래한 반면 2절에선 3:35 "영원하리"의 '영~'을 6초 넘게 진성으로 길게 지르고 '리~'도 비슷한 길이를 유지하며 비브라토로 마무리한다. 경연에 적합한 폭발적인 가창 방식인 것이다.

김병걸은 편승엽 '찬찬찬'과 설운도 '다함께 차차차' 작
사가로 유명하다. 남진, 나훈아, 정훈희, 강진, 조항조, 방
실이, 김연숙, 윤시내, 서울시스터, 이수진 등 많은 가수의
곡을 썼다.

김동찬은 이미자, 조미미, 문주란, 이용복, 현철, 이남
이, 문희옥, 최진희 등과 작업했다.

상사화

모란이 피면은 모란으로
동백이 피면은 넌 다시 동백으로
나에게 찾아와 꿈을 주고
너는 또 어디로 가버리나
인연이란 끈을 놓고
보내긴 싫었다
향기마저 떠나보내고
바람에 날리는 저 꽃잎 속에
내 사랑도 진다
아아 모란이, 아아 동백이
계절을 바꾸어 다시 피면
아아 세월이 휭 또 가도
내 안에 그대는 영원하리
인연이란 끈을 놓고
보내긴 싫었다
향기마저 떠나보내고
바람에 날리는 저 꽃잎 속에

내 사랑도 진다
아아 모란이, 아아 동백이
계절을 바꾸어 다시 피면
아아 세월이 휭 또 가도
내 안에 그대는 영원하리
아아 모란이, 아아 동백이
계절을 바꾸어 다시 피면
아아 세월이 휭 또 가도
내 안에 그대는 영원하리

소원

노래한다기보다 가사를 표현하는 쪽에 무게

작사 신동필·최재은 / 작곡 최재은 / 편곡 박동일·최가람
최가람(기타·베이스) / 최상준(드럼) / 박동일(피아노·키보드)
/ 김현아(코러스) / Philstring(스트링)

〈소원〉은 이 세상 모든 어머니들을 향한 고마움을 담은
곡으로, 앨범 [에세이 ep.2]에 수록됐다.

작사가는 작중 병환으로 시력을 잃어가는 어머니께 좀
더 예쁜 세상을 보여드리지 못하는 안타까운 마음을 가사
에 실었다.

이러한 마음을 음악으로 표현하기 위해 장민호는 노래
를 한다기보다 가사 하나하나를 표현하는 쪽에 더 심혈을
기울이고 있다. 악절마다 부드럽게 이어지게 한다기보다

애틋한 심정을 더 강조하고자 특정 단어에 감정이 진하게 실리는 게 대표적이다. 그래서 더욱 진심으로 다가온다.

최가람은 MBN '불타는 장미단 기타 세션. MBN 드라마 '우아한 가' OST에 삽입된 천단비의 〈Return〉 세션 등 기타 세션과 편곡 활동을 활발하게 하고 있다.

박동일은 이지영(빅마마), 이영현, 보이스퍼, 아이반, 정동하 등의 가수와 편곡 작업을 했다.

필스트링은 한양대학교 음대 출신의 윤종수 바이올리니스트를 리더로 각 시립교향악단의 젊은 연주자들로 이뤄진 스트링 세션악단이다. 클래식, 재즈, 라틴, 컨트리, 탱고, 아이리쉬 등 다양한 장르를 연주하고 있다.

소원

되돌릴 수 없는 걸 알지만

예전으로 돌아간다면

좀 더 예쁜 말 해드리고 싶은데

그땐 왜 짜증만 냈는지

돌아갈 수 없다는 걸 알지만

소원 하나 들어준다면

함께 예쁜 곳 바라보고 싶은데

이젠 모두가 꿈같은 바람이겠죠

아침은 챙기고 다녀라

잔소리 같아서 건성으로 대답했죠

미안해요,나보다 더 나를 잘 아는

사랑하고,

또 사랑하고도 부족해하는

어머니,

어머닌 참 너무 이상하게도

눈 감고 생각하면

언제나 눈물 나는 말

"어머니"

허어, 늘 그대로 계실 줄 알았죠

세월이 흘러도

당신은 아닐 줄 알았죠

이젠 편안한 맘으로

지금 이 노래를 들으며 웃어요

사랑해요,

나보다 더 나를 잘 아는 사랑 주고,

또 사랑 주고도 부족해하는

어머니,

어머닌 참 너무 고마운 사람

눈 감고 생각하면

언제나 포근해지는 어머니

어머니, 어머니

눈 감고 생각하면

언제나 눈물 나는 말

"어머니"

수은등

김연자 원곡과 달리 선굵고 강렬한 톤, 거친 남성미까지

작사 유수태 / 작곡 김호남 / 편곡 박민호

앨범 [드라마] 수록곡으로 김연자가 1984년 발표한 곡
을 리메이크했다.

워낙 유명한 곡이라 그간 장윤정, 강혜연, 양지은, 홍지
윤, 정미애, 알리, 이무진 등 많은 가수들이 각자 다른 매력
으로 재해석했다. 예를 들어 강혜연은 2022년 8월 2일 방
송된 TV조선 '화요일은 밤이 좋아'에서 원곡보다 굵고 힘
찬 톤으로 노래했다. 또한 양지은은 2021년 10월 29일 방
송된 TV조선 '금요일은 밤이 좋아'에서 국악/민요적 발성
을 살짝 가미한 매력적인 톤으로 노래했다.

장민호는 여자가수 원곡과는 또 다른 톤으로 이 곡을 리메이크하고 있다. "당신은 변했구려 보이질 않네"의 '보이질 않네'와 "이 발길은 떠날 줄 몰라"의 '이 발~길~은'을 선이 굵고 강렬한 톤, 남성적 거친 미학을 가미시켰다.

남자가수가 〈수은등〉 같은 여자 음정, 그것도 대단히 유명한 여가수의 원곡을 부른다는 건 잘해야 본전일 수 있다. 하지만 장민호 버전을 들으면 이 곡 리메이크에 대한 남다른 자신감을 읽을 수 있다.

김호남은 남궁옥분의 히트곡 〈꿈을 먹는 젊은이〉의 작곡자다. 그 외에 남진, 현철, 장윤정, 신유, 편승엽, 유지나, 김양, 차도균 등등 많은 가수와 작업한 편곡 분야의 거장이다.

작사가 유수태는 1979년 제1회 TBC 신인가요제 입상곡 '나도 모르게'로 유명한 가수 유가화를 비롯해 유연희, 이연실 등과 작업했다.

수은등

어스름 저녁 길에 하나 둘

수은등 꽃이 피면은

그대와 단둘이서 거닐던

이 길을 서성입니다

수은등 은은한 빛 변함없어도

당신은 변했구려 보이질 않네

아 수은등 불빛 아래

이 발길은 떠날 줄 몰라

어두운 밤거리에 하나 둘

오색불 깜빡거리면

그대의 웃음소리 들려올 듯

내 가슴은 설레이네

바람 부는 이 거리는

변함이 없건만

당신은 변했구려 보이질 않네

아 오색불 깜빡이는

이 거리를 잊으셨구려

신발끈

장민호 아이디어로 곡 마지막 부분 더 극적으로 표현

작사 이용구 / 작곡 이동철 / 편곡 임호
한덕용(기타) / 장재혁(베이스) / 임호(피아노)
/ 최상준(드럼) / 김현아(코러스) / 융스트링(스트링)

앨범 [Eternal] 수록곡으로 긍정의 메시지를 노래한 곡
이다.

〈신발끈〉을 작업할 즈음은 코로나로 힘들어하던 시절
이었다. 그래서 장민호는 팬들에게 위로를 줄 수 있는 노
래를 찾고 있었다. 힘든 시기를 겪은 후 희망을 주는 노래
를 음반에 수록하고 싶었던 것. 그래서 장민호도 이 곡에
대한 애착이 대단했다. [이터널] 앨범에서 가장 먼저 이 노
래를 녹음할 만큼 좋아했다.

이 곡 노랫말을 쓴 이용구 작사가는 이렇게 말했다.

"드라마를 보다가 영감을 얻어 가사를 미리 써둔 곡이 <신발끈>입니다. 신발끈이 풀려서 다시 묶고 뛴다는 게 좋아보여서 곡으로 쓰고 싶었죠. 그래서 가사도 30여 분 만에 금세 썼어요. 저는 정통 트로트 스타일로 가사를 썼는데 이후 작곡된 걸 들어보니 제가 생각했던 것과 전혀 다르게 되어 있었습니다. 작사가들도 작곡가 못지 않게 가사를 쓸 때 그에 어울리는 멜로디를 생각하며 씁니다. 그런데 전혀 다른 풍의 곡으로 나왔지만 의외로 좋았어요. 마치 남진 선생님 스타일 같기도 했고. 이 곡은 '노래 교실'에서도 많은 인기를 얻고 있습니다. 특히 어머니들이 너무 좋아하세요."

이동철 작곡가는 장민호와 녹음 작업하면서 이 곡이 지닌 메시지를 특히 잘 살려 달라고 말했다. "희망을 주는 내용의 가사이기 때문에 이러한 감정을 잘 살려달라"고.

작사가 이용구는 곡을 쓸 때 제목을 가장 중요하게 생각한다. 제목을 먼저 정하고 그에 맞게 가사를 쓰는 방식이다. 그래서 그가 쓴 곡들은 기승전결이 뚜렷하다.

"해가 없는 하늘 있을까"로 노래를 시작해 "한숨 푸념은 이제 그만"까진 가요 발라드 스타일의 발성을 접할 수 있다. 하지만 이어지는 "씨앗 뿌려 하루 만에 꽃이 피더냐"부터 트로트 발성으로 변하며 "가는 길 험해도 나는 또 걸어간다"부터 본격 트로트 열창으로 분위기를 고조시키는 매우 흥미로운 진행을 보인다.

이처럼 한 곡에서 톤을 여러차례 바꿔가며 진행하는 노래를 만난다는 것도 매우 흥미롭다. 핵심은, 그만큼 장민호라는 가수가 다양한 장르의 특성을 적시적소에서 순발력 있게 바꾸는 민첩함이 탁월하다는 것이다.

곡의 마지막 부분 "다시 묶고 일어나 떠나야지"는 장민호가 아이디어를 냈다. 이동철 작곡가의 원곡은 이 부분

가사를 하나로 이어 부르게 썼지만 장민호는 한 번에 끝내지 말고 (감동적으로) 한번 쫘악 친 다음에 인터벌을 주고 끝내자라고 제안한 것이다. 그래서 곡의 엔딩 가사에선 '다시 묶고 일어나~'라고 잠시 휴지기를 주고 '떠나야지'로 끝을 맺게 된 것이다.

이동철은 김호중 〈너나 나나〉, 홍지윤 〈사랑길〉, 홍주 〈하늘꽃〉과 〈독한 여자〉 등을 작곡했다. 이외에 진시몬, 양혜승, 김미라 등 많은 가수의 곡을 썼다.

이용구는 문초희, 홍지윤, 홍시, 신인선, 김나희, 한성수, 문서희 등과 작업한 바 있다.

신발끈

해가 없는 하늘 있을까?

달이 없는 하늘 있을까?

누구나 똑같은 세상이니까

한숨, 푸념은 이제 그만

씨앗 뿌려 하루 만에

꽃이 피더냐?

꽃망울 하나에 두 꽃이 피더냐?

가는 길 험해도 나는 또 걸어간다

어느 날 웃었다 또다시 운다 해도

인생길에 신발 끈 풀려

주저앉아도

다시 묶고 일어나 떠나야지

바람 없는 들판 있을까?

파도 없는 바다 있을까?

누구나 똑같은 세상이니까

한숨, 푸념은 이제 그만

씨앗 뿌려 하루 만에

꽃이 피더냐?

꽃망울 하나에 두 꽃이 피더냐?

가는 길 험해도 나는 또 걸어간다

어느 날 웃었다 또다시 운다 해도

인생길에 신발 끈 풀려

주저앉아도

다시 묶고 일어나 떠나야지

인생길에 신발 끈 풀려

주저앉아도

다시 묶고 일어나 떠나야지

아! 님아

장민호식 세레나데, 스타일리시한 라틴 음악

작사 X-CHILD · 손요셉 / 작곡 X-CHILD / 편곡 X-CHILD · 정수완
정수완(기타) / 유종채(베이스) / 김태홍(드럼 · 키보드) / 한아름(피아노)
/ 박성수(신시사이저) / 백관우(색소폰) / 정다운(트럼펫)
/ 김민수(트롬본) / Mission Dragon, 박한담, 박성수(코러스)

앨범 [에세이 ep.2]에 수록된 곡으로, 제목 'Anima'는
라틴어로 영혼(사랑하는 상대)이란 뜻이다. 사랑하는 사람을
향한 흥겨운 세레나데랄 수 있다.

이러한 라틴 음악은 그간 장민호가 노래한 다양한 장르
중에서도 단연 돋보이는 스타일이다. 정수완이 이러한 곡
까지 멋지게 기타 세션을 하리라곤 예상하지 못했다.

엑스차일드(X-CHILD)는 박성수(멧돼지)와 김시온이 활
동하는 프로듀싱팀으로 임영웅 〈히어로〉, 장민호 〈대박

날 테다〉, 정동원 〈진짜 사나이〉, 블타는 F4 〈나이스맨〉
등을 작곡했다.

손요셉은 전유진, 정동원, 펜타곤, 박시환, 김중연, 박한
담 등과 작업한 가수 겸 작사·작곡가다.

〈아! 님아〉는 2023년 12월 3일 방송한 SBS '인기가요'
핫 스테이지 부문 1위를 차지했다. 핫스테이지는 한 주간
가장 핫했던 무대를 뽑는 것으로, 장민호는 무대매너 및
뛰어난 퍼포먼스로 보는 이들의 눈과 귀를 만족시켜 1위
에 올랐다.

아! 님아

사랑에 웃고 사랑에 울던
내 심장에 말을 걸어오네
아무 말 안 해도
그대 눈은 사랑의 신호를 주네
오, 나의 미로 같던 인생
당신을 만나러 돌아서 왔나?
오, 나의 모든 시선이 널 향하네
바로 너야
달콤한 너의 향기가 좋아
우아한 니 몸짓, 손짓까지도
뭐 하나 빠짐없이 완벽한
넌 나의 아, 님아
너와 나의 환상 속으로 oh
차분한 말투, 나긋한 성격
기억에 남는 그 이름까지
하필 또 내가 좋아하는
모든 건 다 그대 안에

오, 나의 인연이란 건지
당신을 만나서 너무 행복해
오, 나의 모든 시선
또 널, 널 향해
바로 너야
달콤한 너의 향기가 좋아
우아한 니 몸짓, 손짓까지도
뭐 하나 빠짐없이 완벽한
넌 나의 아, 님아
널 사랑한다는 말
어쩜 흔한 단어일지도 몰라
다만 내 가슴이 뛰는 만큼만
날 안아줘
불타는 이 밤 다 가기 전에
나와 함께 춤을 춰
애타는 이 밤 해뜨기 전에
Oh 네게 다 줄게 hey

달콤한 너의 향기가 좋아

우아한 니 몸짓, 손짓까지도

뭐 하나 빠짐없이 완벽한

넌 나의 아, 님아

너와 나의 환상 속으로 oh

연리지(連理枝)

우리 민요와 국악 발성까지 '장민호표 국악트로트'

작사 이용구 / 작곡·편곡 김근동

앨범 [드라마] 수록곡으로 헤어질 수밖에 없는 운명적 사랑을 노래했다.

곡명 '연리지(連理枝)'는 다른 나무끼리 가지가 이어져 엉켜 있다는 뜻으로, 지극한 효성 또는 돈독한 부부애를 일컫는다.

후한(後漢) 말기 학문이 뛰어나고 효성이 지극한 채옹(蔡邕)이란 사람이 있었다. 채옹은 어머니가 병으로 자리에 눕자, 3년 동안 지극 정성 병간호를 했다. 그러나 어머니가 세상을 떠나자 채옹은 산소 옆에 초막을 짓고 시묘(侍墓)살이를 했다. 이후 분묘 옆엔 두 그루의 나무가 서 있었는데, 언제부터인지 두 나무 가지가 서로 붙어 엉켜 한 나무처럼 됐다는 데서 유래한 용어다.

노랫말을 쓴 이용구 작사가는 어느 날 신문 기사를 읽다가 '연리지'란 말을 처음 알게 됐다. 특이한 형태의 나무라서 이 부분을 메모해놓았다. 후일 곡으로 쓰고 싶었기 때문이다. 가사는 30분 만에 썼다.

작사가 이용구는 필자에게 이렇게 말했다.

"오래전 일이라 정확하진 않지만 아마도 곡이 먼저 나왔고 거기에 제가 가사를 붙인 것으로 기억합니다. 당시 장민호는 천하장사 백승일 아내인 가수 홍주가 부른 <미투리>라는 곡을 좋아했었어요. 그래서 자신도 이런 곡을 부르고 싶어 김근동 작곡가에게 의뢰한 게 <연리지>입니다."

이 노래는 전체적으로 우리 민요와 국악을 토대로 부르고 있다. 사이드에서 흐르는 국악악기 연주도 그렇지만 장민호도 민요와 국악적 발성을 적극적으로 사용하며 곡에 운치를 더해고 있는 것이다. "세월에 등 기댄 채 정을 나누며"의 1:06 '정을~ 나누며'나 "내게 기대요"의 1:19 '기~대요~', 그리고 "눈물을 내게 쏟아요"의 1:28 '쏟아요~' 등이 좋은 예다.

이동철 작곡가가 필자에게 "장민호는 국악트로트를 매우 잘한다"며 "꽤 오래전부터 이러한 감성과 기술을 잘 다져간 것 같다"고 말했는데, 바로 이러한 면을 여실히 볼 수 있는 게 이 노래다.

〈연리지〉를 쓴 김근동은 작곡가일 뿐 아니라 문희경, 정의송, 김다현, 금잔디, 현미, 박현빈 등 많은 가수의 곡을 작업한 편곡자로도 잘 알려져 있다.

연리지(連理枝)

살아도 같이 살아요

죽어도 같이 죽어요

끝내 이렇게 만나게 될 걸

왜 우리 먼 길 돌았나요

엇갈린 슬픈 운명

세찬 비바람 불고 또 불어도

세월에 등 기댄채 정을 나누며

이렇게 한 자리에 서 있던 우리

힘들면 내게 기대요

눈물을 내게 쏟아요

꼭 잡은 두 손은 놓치진 말아요

우리의 사랑 연리지

엇갈린 슬픈 운명

세찬 비바람 불고 또 불어도

세월에 등 기댄채 정을 나누며

이렇게 한 자리에 서 있던 우리

힘들면 내게 기대요

눈물을 내게 쏟아요

꼭 잡은 두 손은 놓치진 말아요

우리의 사랑 연리지

꼭 잡은 두 손은 놓치진 말아요

우리의 사랑 연리지

와인 한잔해요

재즈 보컬로 변신, 마이클 부블레가 부럽지 않다

작사 홍정수·김희진·윤경 / 작곡 홍정수·김희진
안지훈(기타) / 김호현(드럼) /곽정영(피아노) / 홍정수, 김희진(키보드)

앨범 [Eternal] 수록.

장민호가 풍요로운 스트링 사운드가 함께하는 재즈 보컬로 변신했다.

피아노와 현악(스트링) 반주를 축으로 하는 이 곡에서 장민호는 캐나다 출신의 세계적인 스탠더드 재즈/스윙 가수 마이클 부블레(Michael Buble)의 이미지를 연상케 하는 차분하고 격조 있는 분위기를 연출하고 있다.

그를 트로트 가수로만 알던 사람들에게도 신선한 변화다.

여타 트로트 가수들과 달리 팝의 감성을 갖고 있는 만큼 〈와인 한잔해요〉에서 장민호의 어법은 미국의 빅밴드 재즈 감성과 발라드, 그리고 세레나데 무드까지 오버랩된 느낌으로 노래하고 있다. 가사 발음에서 힘을 조금만 더 빼고 노래했다면 더 좋았을 거란 2% 아쉬움이 든다.

홍정수는 영탁, 정동원, 일락, 임창정, 채수빈, 장나라, 클릭B, 거미, 세븐, 럼블피쉬, 인순이, 장혜진, 빅마마, 먼데이키즈, 배기성 등 많은 가수와 작업했다.

이 곡은 팬들은 물론 음악 관계자들에게도 화제가 됐다. 세션을 한 연주자들도 마찬가지다. 기타 세션을 한 안지훈은 필자와의 인터뷰에서 이렇게 말했다.

"홍정수 작곡가로부터 연락받고 녹음 스튜디오로 갔습니

다. 장민호의 <와인 한잔해요>라는 곡이었죠. 장민호 세션이라 당연히 트로트인 줄 알았는데, 곡을 들어보니 재즈라서 좀 놀랐습니다. 피아노와 스트링 위주의 차분한 느낌의 재즈 스타일의 곡 진행이었고, 따라서 이런 분위기에 일렉트릭 기타가 각을 주면 안 되는 것이었어요. 그래서 재즈적 분위기를 서포트 하는 수준으로 연주하려고 했습니다.

스튜디오엔 코드 악보만 있던 상태였고 따라서 부분부분 기타 연주는 모두 현장에서 제가 즉흥으로 연주했어요. 세션이 시작되자마자 한 번에 라이브 하듯 연주했는데 괜찮게 나온 것 같았어요. 그래도 혹시 몰라 한 번 더 연주했습니다."

안지훈은 <와인 한잔해요>에서 샤벨 거스리 고반 기타를 사용했다. 이 기타의 프론트 픽업 중심으로 연주하며 달콤하고 부드러운 톤을 연출하려고 했던 것이다.

와인 한잔해요

와인 한잔해요

기분이 좋아요 오늘

그대가 곁에 있어

와인 한잔해요

지난 아픔 모두 잊고

이 밤의 선물을 마셔요

내 사랑 그대, 내 편인 그대

우리 참 많이 힘들었었죠

지금 이 순간 난 꿈을 꿔

내 마음 그대 곁에 영원히

우릴 축복해요

밤이 속삭여요 그대

내 품속에 안겨 와요

내 사랑 그대, 내 편인 그대

하늘이 정해준 나의 운명

지금 이 순간 난 꿈을 꿔

내 마음 그대 곁에 영원히

우릴 축복해요

밤이 속삭여요 그대

행복하게 해 줄게요

인생일기

힘들던 시절 잘 녹인 곡, '웰메이드' 뮤직비디오는 작곡가도 울려

작사·작곡 알고보니 혼수상태
김민규(기타) / 신현권(베이스) / 신석철(드럼) / 김경범(피아노)
/ 김지환(키보드) / 김현아(코러스) / 권병호(하모니카) / 융스트링(스트링)

장민호가 2023년 6월 22일 발매한 싱글로 인생을 세월
이라는 일기장 속에 쓰인 이야기로 비유했다.

〈인생일기〉는 기뻐하고 슬퍼했던 모든 순간이 되돌아
보면 한 장도 찢어낼 수 없는 내 인생의 한 페이지였음을
말한다. 어제가 있기에 오늘이 있고, 오늘이 있기에 내일
이 있다. 오랜 세월 동안 만들어진 모래층이 아름답듯이
인생 또한 그렇다.

"정신없이 하루를 살다가/일기장을 펼쳐본다"로 노래

가 시작될 땐 담담하게 부르지만 "희망의 끈을 늘 붙잡고" 부터 서서히 감정이 고조되며 "나를 웃게 한다"까지 절정으로 치닫는다. 여기서 중요한 건 장민호의 감정 처리, 표현력이다.

인생이란 묵직한 주제를 너무 가라앉지도 무겁지도 않게 아주 살짝 팝발라드 감성마저 엿보이는 방식으로 노래하고 있는 것이다. 이 곡이 통속적으로 흐르지 않은 이유이자 장민호의 세련된 표현어법이 부각되는 지점이기도 하다.

이 곡을 쓴 작곡듀오 알고보니 혼수상태는 장민호가 힘든 시절부터 인연을 맺어 왔다.

알고보니 혼수상태는 현재 트로트계 정상의 작곡 듀오로 자리했지만 2010년만 해도 옥탑방에 살며 작업할 만큼 궁핍한 생활을 하고 있었다. 장민호는 알고보니 혼수상태의 옥탑에 와서 함께 가이드 작업도 하며 어울릴 만큼 친분이 남달랐다.

〈인생일기〉는 그때의 기억을 담은 곡이자 힘든 시절을 이겨내며 살아온 사람들의 이야기이기도 하다.

태엽 감는 소리에 이어 뮤직박스에서 음악이 흘러나온 후 곡이 시작된다. 태엽과 뮤직박스는 추억으로 들어가는 걸 표현하기 위한 장치다.

알고보니 혼수상태는 이렇게 말했다.

"먼 훗날 다시 예전을 돌아볼 때 힘들었던 시간 모두 다 제겐 정말 소중한 시간이었습니다. 정말 힘들었던 나를 만난다면 아무 말없이 그냥 안아주고 너를 사랑한다고 하고 싶어요. 제가 힘들었던 시절엔 도움보다 이용만 하려고 하는 사람들이 더 많았던 것 같아요. 제가 만약 그때로 돌아간다면 '너 정말 잘했다'는 말을 꼭 해주고 싶어요. 이 모든 메시지를 담은 곡이 〈인생일기〉입니다."

알고보니 혼수상태는 "〈인생일기〉 뮤직비디오엔 장민호가 어린 장민호를 만나는 과정이 나온다"며 "그걸 보며 작곡가로서 펑펑 울던 기억이 난다. 뮤직비디오에서 내 마음을 너무 잘 표현해줬기 때문"이라고 덧붙였다.

"힘든 시기를 지나 빛을 봤다는 점에서 장민호 님과 알고보니 혼수상태는 비슷한 점이 있어요. 저(혼수상태)와 많이 비슷하죠. 그래서 더욱 남 같지 않았고 폐부에 푹푹 와닿았던 것 같아요. 이런 점에서 〈인생일기〉는 장민호의 이야기와 알고보니 혼수상태의 이야기를 같이 담으려고 했던 것 같습니다. 이런 이유로 이 곡은 작곡가로서도 의미가 남다른 작품입니다."

인생일기

정신없이 하루를 살다가
일기장을 펼쳐본다
눈물자욱 번져간 그날에
잠시 멈추어 본다
아무리 아파도 힘들어도
가슴에 꿈 놓지 않고
희망의 끈을 늘 붙잡고
살아온 세월아
세상 다 가진 듯 웃던 날도
모든 걸 놓을까 울던 날도
이제는 지나버린 추억이 되어
나를 웃게 한다
아무리 아파도 힘들어도
가슴에 꿈 놓지 않고
희망의 끈을 늘 붙잡고
버텨온 세월아
세상 다 가진 듯 웃던 날도

모든 걸 놓을까 울던 날도
이제는 지나버린 추억이 되어
나를 웃게 한다
먼 훗날 나를 만나게 되면
이 말 전하고 싶어 나에게
(세상 다 가진 듯 웃던 날도)
내게
(모든 걸 놓을까 울던 날도)
쉼없이 써 내려간 나의 인생아
너를 사랑한다고
너를 사랑한다고
한 번 뿐인 내 인생을

읽씹 안읽씹

장민호와 영탁, 두 '재능충'의 시너지

작사·작곡 영탁, 지광민

장재원(기타) / 지광민(신스) / 김현아, 영탁(코러스)

2020년 6월 8일 발매한 디지털 싱글.

읽씹은 '읽고 씹다'의 준말로, 문자 내용을 읽었음에도 아무런 답신을 하지 않는 경우를 이르는 속어다. 안읽씹은 '읽지 않고 씹다(무시)'의 준말. 문자를 보냈는데 상대방이 읽지 않고 '무시당하는' 상황을 그린 곡이다.

"밥도 아닌데 왜 뜸을 들이니

말을 거는데 대답이 없는데 왜

지가 선톡해놓고 도대체

아 미치겠는데 답답한 건 또

못 참겠는데

다이얼 돌렸는데 왜 안 받는대?

내 톡 왜 씹어

읽은 거 다 아는데 씹어

답장도 못 할 만큼 바뻐

핸드폰 달고 살잖아

이제는 안 읽고 씹어

안읽씹이 훨씬 더 나뻐

내가 뭐 단톡방이냐

알림 꺼놓게"

　가사에서 알 수 있듯이 휴대폰을 옆에 두고 살아가는 일
상에서 흔히 나타나는 일을 매우 유머러스하고 재치있게
표현했다. 가수로선 물론 탁월한 작사·작곡가로서도 영탁
의 탁월한 역량을 엿볼 수 있는 노래다.

　"밥도 아닌데 왜 뜸을 들이니" 등 상대에게 무시당한(씹

힌) 주인공이 매우 화가 나 불쾌한 감정을 '따지듯' 장민호의 발성도 매우 공격적으로 진행되고 있다. 0:30 "아 미치겠는데~"는 장민호 본인이 너무 답답해하며 한숨과 화를 토해내는 방식이 대단히 사실적이다. 0:39 "왜 안 받는대?"로 와선 속된 말로 '뚜껑 열려' 화가 폭발하는 감정을 잘 연출하고 있다.

이 곡의 코러스 세션은 영탁과 김현아가 맡았다. 영탁은 자신의 곡에 코러스 세션도 적극적으로 하는 편이다. 국민 코러스 김현아조차 "영탁의 코러스 역량은 탁월"하다고 평가할 정도다.

〈읽씹 안읽씹〉 코러스 파트는 김현아가 먼저 코러스 세션을 하고, 여기에 영탁이 코러스 더빙을 입히는 식으로 진행했다. 김현아와 영탁의 코러스 세션 이전에 장민호가 노래 녹음을 하고 있어서 장민호 노래가 끝난 후 진행했다고 한다.

2020년 7월 16일 오후 방송된 TBS FM '최일구의 허리케인 라디오'에서 장민호는 〈읽씹 안읽씹〉에 얽힌 스토리를 밝혔다. 장민호는 "어느 날 MBC '라디오스타'에 나갔는데, 영탁이가 갑자기 내게 오더니 '후렴구만 만든 곡이 있는데, 들어봐줄 수 있냐'고 하더라. (그래서) 듣자마자 너무 좋아서 내게 달라고 부탁했다고 말했다. 이어 장민호는 "그런데 일주일도 안 돼서 곡을 완성해줬다"며 "영탁이 내게 선물해준 것"이라고 했다.

읽씹 안읽씹

읽고 씹어, 읽고 씹어

읽고 씹어, 읽고 씹어

밥도 아닌데 왜 뜸을 들이니

말을 거는데 대답이 없는데 왜

지가 선톡해놓고 도대체

(도대체)

아 미치겠는데 답답한 건 또

못 참겠는데

다이얼 돌렸는데 왜 안 받는대?

내 톡 왜 씹어

(씹어, 씹어)

읽은 거 다 아는데 씹어

(씹어, 씹어)

답장도 못 할 만큼 바뻐

(바뻐, 바뻐)

핸드폰 달고 살잖아

이제는 안 읽고 씹어

(씹어, 씹어)

안읽씹이 훨씬 더 나뻐

(나뻐, 나뻐, 진짜 나뻐)

내가 뭐 단톡방이냐

알림 꺼놓게

모르는 번호 나도 잘 안 받지

혹시 내 이름 저장이 안 돼 있니

왜?

선톡은 왜 한 거니 도대체

(도대체)

아 신호 가던데 두 번만 울리고

끊어지던데 수신 거부한 거니?

나 보이스피싱이니?

내 톡 왜 씹어

(씹어, 씹어)

읽은 거 다 아는데 씹어

(씹어, 씹어)

답장도 못 할 만큼 바뻐

(바뻐, 바뻐)

핸드폰 달고 살잖아

이제는 안 읽고 씹어

(씹어, 씹어)

안읽씹이 훨씬 더 나뻐

(나뻐, 나뻐, 진짜 나뻐)

내가 뭐 단톡방이냐

알림 꺼놓게

내가 뭐 대출 전화냐

스팸 해놓게

저어라

국악트로트의 대표가수란 걸 보여주는 곡

작사 혼수상태 / 작곡 알고보니 혼수상태
정재필(기타) / 이태윤(베이스) / 강수호(드럼) / 김경범(피아노)
/ 김지환(키보드) / 김현아(코러스) / 융스트링(스트링)

앨범 [에세이 ep.1] 수록곡으로, 인생을 뱃길따라 떠나는 여정으로 표현한 시적인 가사가 인상적인 국악 발라드 트로트 트랙이다.

평소 장민호는 국악 발라드 느낌의 트로트를 해보고 싶어했다. 이런 바람을 시도한 게 〈저어라〉다. 국악의 정서를 위해 국악기도 여럿 동원해 작업했다. 클래식과 국악의 접목, 동서양 악기의 조화랄 수 있다.

알고보니 혼수상태는 다른 곡보다도 더 힘들게 썼다고

한다. 처음엔 기승전결은 있는 데 확 와닿는 멜로디가 없어서 수정에 또 수정을 거듭하며 작업했기 때문이다.

이 곡 가사를 보면, 인생은 물길 따라 흘러가는 과정이란 걸 알 수 있다.

"누구나 눈 뜨면 떠나야만 하네"의 '하네~'에서 국악 발성으로 맺고 "가기 싫어도 멈추고 싶어도/운명의 배는 띄워 졌다오" 구간에서도 국악 접근의 가창을 들을 수 있다. 이후 계속되는 가사에서도 국악 접근과 트로트를 멋스럽게 연출하고 있다. 마치 소리로 펼치는 추임새란 생각이 들 만큼.

간주를 지나 "산새 울음도 품어야만 하네"란 가사가 나올 때 대금으로 산새를 표현하고 전주와 간주의 피아노 아르페지오로 물결을 표현하는 등 가사에 맞게 각 악기를 포진시켜 특정 분위기를 담으려고 한 것도 주목된다.

장민호가 국악트로트도 이렇게 잘 부른다는 걸 보여주는 좋은 사례다.

이 곡을 쓴 알고보니 혼수상태는 양지은의 〈그 강을 건너지 마오〉를 작업할 때 정재필에게 세션기타를 의뢰한 적이 있다. 기대 이상으로 멋지게 연주를 해준 데 대해 깊은 인상을 받고 이후 〈저어라〉 세션 때 다시 정재필을 찾았다. 좀 더 새로운 스타일의 기타 연주를 원했던 알고보니 혼수상태는 정재필이 감각적으로 멋지게 기타 세션을 해주었다고 필자에게 소감을 전했다.

저어라

누구나 눈뜨면 떠나야만 하네
두손에 노를 쥐고서
가기 싫어도 멈추고 싶어도
운명의 배는 띄워 졌다오
저어라 노를 저어라
청춘의 울 지나서
저어라 노를 저어라
욕심의 돌을 던지며
눈뜨니 다다른 천계의 바다
깊어진 마음만이 남았구나
산새의 울음도 품어야만 하네
꽃잎의 웃음소리도
한번 인생길 추억을 실고서
취한 듯 그리 살아가세
저어라 노를 저어라
세월의 물 따라서
저어라 노를 저어라

욕심의 돌을 던지며
눈뜨니 다다른 천계의 바다
깊어진 마음만이 남았구나
깊어진 마음만이 남았구나
아아
운명은 배는 띄워졌다오

정답은 없다

센스쟁이 장민호, 80년대 유로댄스까지 폭넓은 스펙트럼

작사 뮤지 / 작곡 뮤지·nomad / 편곡 nomad

기타 고태영 / nomad(키보드·드럼 프로그래밍)

앨범 [에세이 ep.1] 수록곡으로, 세상을 살아가면서 결코 남들의 말에 주눅 들지 말라는 내용을 노래했다.

장민호는 2022년 1월 11일 오후 방송된 TV조선 예능 프로그램 '화요일은 밤이 좋아'에 출연해 〈정답은 없다〉 무대를 꾸민 데 이어 1월15일 오후 방송된 MBC '쇼! 음악중심'에 출연해 〈정답은 없다〉 무대를 음악방송에 걸맞게 화려한 퍼포먼스를 선보이며 시청자를 사로잡았다.

2022년 1월 10일 KBS2 예능 프로그램 '新가족관계증

명서 갓파더(갓파더)'는 〈정답은 없다〉 뮤직비디오 현장에 참석한 장민호와 김갑수 스틸을 오픈했다. 사진엔 안무를 연습하는 훈훈한 부자(父子)의 모습이 담겼고, 장민호는 뮤직비디오 촬영 틈틈이 김갑수에게 안무를 가르치는 장면도 공개됐다.

그리고 1월 12일 방송된 '갓파더'에선 〈정답은 없다〉 뮤직비디오 현장이 공개됐다. 이날 장민호는 김갑수가 가장 좋아하는 메뉴 옥돔을 대접하며 신곡 뮤직비디오 촬영을 부탁했다. 그러자 김갑수는 "말 같은 소리를 해. 난 뮤직비디오를 해본 적이 없다. 비디오 얘기는 꺼내지도 말라"고 거절했다. 하지만 뮤직비디오 촬영 당일 김갑수는 정장을 차려입고 현장에 등장했다. 김갑수는 방송 제작진과 인터뷰에서 "사실은 민호한테 장난친 거다. 내가 안 갈 수 있냐. 당연히 가야 할 일"이라며 장민호에 대한 애정을 드러냈다.

김갑수의 멋진 안무에 대해 장민호는 "감동 받았다"며

"사실 출연을 안 하실 줄 알았다. 짧은 시간 안에 안무를 소화하기 쉽지 않다. 아버지 안무는 정말 최고였다"며 "두고두고 갚겠다"고 고마움을 표했다.

가수 겸 DJ 뮤지가 작사·작곡 및 프로듀싱을 맡은 〈정답은 없다〉는, 80년대 유로댄스 장르를 트로트와 결합해 더욱 경쾌하고 친숙하게 와닿는 사운드를 연출했다. 베이스 등 중저음에 무게를 두는 가운데 댄스 비트가 풍성하게 흐르며 어깨를 들썩거리게 한다. 80년대 댄스음악을 좋아하는 사람들에게도 좋은 선물이 될 것 같다. 폭넓은 음악적 스펙트럼을 지닌 장민호의 감성을 다시 한번 알 수 있게 하는 노래다. 과연 장민호는 '센스쟁이'다.

기타 세션을 한 고태영은 아이유, 하동균, 헤이즈, 김윤아, 유성은, 뮤지, KCM 등 많은 가수와 작업했고, 영화 '플랜맨'과 '열정 같은 소리 하고 있네', 그리고 SBS '원티드', KBS2 '굿닥터' 등 드라마 OST에도 참여했다.

장민호는 2022년 1월 20일 방송된 MBC FM4U '정오의 희망곡 김신영입니다'에 출연해 새 앨범을 소개하며 〈정답은 없다〉가 나오게 된 배경을 설명했다.

장민호는 "셀럽파이브 덕분에 뮤지 씨와 음악을 하게 된 것이다. 예전에 셀럽파이브랑 같이 무대 했을 때 은이 누나에게 뮤지 씨의 레트로 곡을 한번 하면 좋겠다고 계속 말씀드렸다. 그때는 제가 진짜 트로트만 했어야 했다. 트로트가 많이 알려지지 않았기 때문에 장르에 혼선이 올 수도 있어서. 지금은 트로트의 폭을 열어서 여러 도전을 하는 게 제가 해야 할 역할이라고 생각해서 뮤지 씨의 곡을 선택하게 됐다"고 말했다.

정답은 없다

결혼은 해야만 하는 것이 아니야

직장은 무조건 참는 곳이 아니야

행복은 돈으로 사는 것이 아니며

인생은 함부로 논하는 게 아니야

아니, 아니, 아니, 아니

아니, 아니야

어차피 정답은 없어

괜찮아, 괜찮아 잘될 거야

모두 내일의 널 믿어봐

아니, 아니, 아니, 아니

아니, 아니야

사는 건 정답이 없어

울지 마, 울지 마 힘들지만

다시 인생 한방 믿어봐

워-예

워-예

예이예

시간은 후회를 하는 것이 아니야

사랑은 널 만난 순간이라 생각해

(알러뷰)

시작은 절대로 늦은 것이 아니며

결론은 니들이 내는 것이 아니야

아니, 아니, 아니, 아니

아니, 아니야

어차피 정답은 없어

괜찮아, 괜찮아 잘될 거야

모두 내일의 널 믿어봐

아니, 아니, 아니, 아니

아니, 아니야

사는 건 정답이 없어

울지 마, 울지 마 힘들지만

다시 인생 한방 믿어봐

걱정하지 마, 아무도 몰라 어우예

고민하지 마, 어차피 몰라 워후예

아니, 아니, 아니, 아니

아니, 아니야

어차피 정답은 없어

괜찮아, 괜찮아 잘될 거야

모두 내일의 널 믿어봐

아니, 아니, 아니, 아니

아니, 아니야

사는 건 정답이 없어

울지 마, 울지 마 힘들지만

다시 인생 한방 믿어봐

아니야

풍악을 울려라!

앨범 수록곡 중 마지막에 작업, 여러 차례 편곡으로 국악 강화

작사 이용구 / 작곡 이동철

이광복(판소리) / 이동철(기타·피아노) / 최상준(드럼) / 김현아(코러스)

/ 백관우(색소폰) / 정다운(트럼펫) / 김민수(트롬본)

앨범 [Eternal] 수록곡.

이동철은 신곡 작업 건으로 2011년 장민호와 처음 만났다. 그러나 장민호의 신곡으로 채택되진 않았고 이후 〈풍악을 울려라〉, 〈신발끈〉으로 13년 만에 다시 만났다.

2011년 장민호는 자신의 트로트 첫 앨범 '사랑해 누나' CD에 사인을 해 이동철 작곡가에게 줬다. 이동철은 이 음반을 보관하고 있다가 10여 년이 흘러 장민호와 재회할 때 CD를 가져가 사인을 받았다.

그러자 장민호는 "13년 우와~ ^^ 좋은 노래 감사합니다"라는 친필 문구와 함께 사인 CD를 건넸다. 다시 만난 장민호에게 이동철은 "그땐 제가 실력이 안 돼 곡을 못 드렸다"고 했다. 그러자 장민호는 "앞으로 더 잘되실 겁니다"라며 응원을 아끼지 않았다.

"장민호 님과 만난 이날
참 많은 걸 느끼게 하는 순간이었습니다."

이동철 작곡가는 장민호 소속사에 10곡 넘는 데모를 보냈고 그중 〈신발끈〉과 〈풍악을 울려라〉가 수록곡으로 채택된 것이다.

여기에도 사연이 있다.

처음엔 〈신발끈〉만 채택되고 〈풍악을 울려라〉는 소속사에서 넣을까 말까 고민했다고 한다. 장르 스타일이 맞지 않는다고 생각했는지 소속사와 장민호 모두 고민을 했던 것. 그래서 〈풍악을 울려라〉는 다른 곡 녹음 작업이 끝나고 맨 마지막에 레코딩을 했다. 아마도 행사장에선 〈풍악을 울려라〉와 같은 곡이 잘 어울릴 거라 여겨 채택한 게 아닌가 한다.

장민호의 새 앨범 수록곡으로 채택되면서 〈풍악을 울려라〉는 원곡과는 달리 편곡도 몇 차례 바뀌었다.

이동철 작곡가는 필자에게 이렇게 말했다.

"원래는 좀 밋밋한 스타일, 흥이 나질 않았던 것 같아요. 여기에 국악기 연주를 좀 더 화려하게 포함시키며 흥이 고조됐습니다. 그리고 원곡엔 판소리가 없었어요. 편곡 수정을 통해 판소리를 가세시켰고, 이로 인해 곡에 더욱 흥과 맛이 살아날 수 있었습니다.…음반이 나왔을 땐 <풍악을 울려라>가 다른 수록곡과 음악 색채도 다르고 등 여러 이유로 주목받을 것 같지 않아 별 신경을 쓰지 않았죠. 그런데 어느 순간 소속사에서 이 곡을 밀고 있는 걸 보고 기분이 날아갈 정도로 좋았습니다."

〈풍악을 울려라〉는 가사도 30~40분 만에 완성됐다. 이
용구 작사가는 이렇게 말했다.

"작사가 입장에선 특정 멜로디 부분의 가사를 더 강조하
면 곡이 더 좋아질 것 같단 생각을 하기도 합니다. 이 곡도
이런 관점에서 살짝 바뀌었어요. 처음 썼던 노랫말에 후크
멜로디를 좀 더 강조하는 방식으로 변한 게 대표적이죠."

장민호의 번뜩이는 아이디어도 이 곡에서 잘 발휘됐다.
장민호는 〈풍악을 울려라〉에 사물놀이, 국악인 구음도 넣
었으면 좋겠다 등 여러 좋은 아이디어를 내며 원곡에 풍성
함을 더한 것이다.

이처럼 〈풍악을 울려라〉는 이런저런 의견이 종합돼 만
들어진 아이디어의 산물이다.

곡의 브라스 파트는 이동철 작곡가가 만든 악보 그대로 세션 연주했다.

이동철 작곡가는 이렇게 말했다.

"가수만의 색깔이 있고 잘하는 게 있는데 자꾸만 (가수의 스타일/색깔에) 관여하다 보면 다른 데로 가게 됩니다. 따라서 그걸 빨리 파악해 곡 폼을 만들어줘야 해요. 장민호도 그만의 강점을 갖고 있는 탁월한 가수입니다. 그래서 레코딩 때 장민호가 원하는 대로 불러보라고 말했습니다. 노래를 워낙 잘해 장민호가 노래한 대로 진행됐고 리듬 쪽만 살짝 바꾸었어요. 아무래도 국악이 섞여있다 보니. 물론 이미 이전에도 장민호는 이러한 국악과 트로트 스타일 소화력이 남달랐기 때문에 <풍악을 울려라>도 멋지게 잘 소화했습니다."

"곡을 쓰다보니 제가 이런 스타일(국악이 가미된)을 잘하는 줄 그제야 알았습니다. <풍악을 울려라>도 몇 분만에 멜로디를 썼어요."

이동철 작곡가의 이러한 역량은 이미 진시몬의 〈너나
나나〉 때부터 잘 나타나고 있었다.

풍악을 울려라!

얼쑤! 좋다!

어이!

풍악을 울려라

온 세상 떠들썩하게

(떠들썩하게)

풍악을 울려라

내 님이 춤출 수 있게

이 세상에서 제일로 예쁜

고운 님이 오신다는데

이보다 더 나 기쁠 수 있나?

세상이 다 내 것이로세

벌나비가 춤을 추고

산에 들에 꽃천지

내 마음은 살랑 춘풍이

어깨춤 절로 더덩실 (어이!)

풍악을 울려라

온 세상 떠들썩하게

풍악을 울려라

내 님이 춤출 수 있게

얼쑤!

아으! 어이!

좋다!

풍악을 울려라

온 세상 떠들썩하게

(떠들썩하게)

풍악을 울려라

내 님이 춤출 수 있게

이 세상에서 제일로 예쁜

고운 님이 오신다는데

이보다 더 나 기쁠 수 있나?

세상이 다 내 것이로세

벌나비가 춤을 추고

산에 들에 꽃천지

내 마음은 살랑 춘풍이

어깨춤 절로 더덩실 (어이!)

풍악을 울려라

온 세상 떠들썩하게

(떠들썩하게)

풍악을 울려라

내 님이 춤출 수 있게

풍악을 울려라 (얼쑤!)

온 세상 떠들썩하게

(떠들썩하게)

풍악을 울려라 (옳지!)

내 님이 취할 수 있게 (어이!)

내 님이 안길 수 있게

나으하-허

풍악을

울려라

타임머신!

저음과 고음이 큰 격차로 바뀌며 흥을 고조

작사·작곡·편곡 김근동

허남진(기타) / 이준현(베이스) / 고중원(드럼) / 윤정노(키보드) / 김근동(피아노) / 김원용(색소폰) / 김동하(트럼펫) / 이한진(트롬본) / Jam String(스트링)

앨범 [Eternal] 수록곡으로, 시종 신나는 트위스트 리듬이 듣는 재미를 더해준다. 흥을 돋우기에 그만인 노래인만큼 장민호의 공연 포문을 열 때 자주 접할 수 있다.

장민호는 2023년 3월 4~5일 서울 경희대학교 평화의 전당에서 '호시절 앵콜공연'을 성황리에 마쳤다. 이 투어 콘서트는 2022년 11월부터 2023년 1월까지 대구, 광주, 성남, 부산, 창원, 인천에서 열린 '2022 장민호 단독 콘서트 호시절:好時節'의 마지막을 장식한 앙코르 콘서트다. 이 무대에서 장민호는 〈대박 날 테다〉와 〈타임머신〉을 오프닝곡으로 노래하며 현장 분위기를 달구었다.

이 곡을 믹싱한 최남진 음향감독에 의하면 〈타임머신〉
은 장민호의 여러 곡 중에서도 스튜디오 레코딩 작업시간
이 오래 걸린 곡 중 하나다.

〈타임머신〉은 저음 구사가 많은 노래다. 그러나 단지
저음으로만 끝나지 않고 저음과 고음이 큰 격차로 바뀌며
흥을 고조시킨다.

노래가 시작되는 "나에게는 타임머신 있지"부터 "철모
를 때 첫사랑 만나서 데이트하고"까지 낮은 저음 중심으
로 소리가 나오다가 "하고 싶고 갖고 싶고 보고 싶었던 그
모든 것/이젠 다 이룰 수 있지"의 고음까지 저음 격차가 큰
진행이 눈에 띈다. '문제는 저음'이란 말도 있듯 기성 가수
는 물론 실용음악 보컬전공생들까지 저음에서 정확한 발
음을 구사하는 걸 가장 어려워한다. 소리를 모아 힘차게
터트리는 고음 구사와는 달리 저음에선 소리가 쉽게 새기
때문이기도 하다. 그래서 〈타임머신〉 같은 곡은 저음 발성

을 학습하는 데 도움이 될 수 있다.

음의 고저가 큰 곡임에도 장민호는 시쳇말로 '간지난다'
는 말처럼 멋지게 로커빌리, 트위스트 시대의 향수를 연출
하고 있다.

이를 위해 〈타임머신〉은 로커빌리 풍의 일렉트릭 기
타 연주와 피아노, 드럼 등 악기 연주 방식도 50~60년대
를 연상케 하는 작법을 취했다. "신비한 시간여행하는"에
이어 나오는 짧은 피아노 연주, "그동안 고생했노라고"와
"철모를 때 첫사랑 만나서 데이트하고"에 이어 나오는 일
렉트릭 기타, "집안 형편 어려워 못다 한 공부 더 하고"에
이어지는 색소폰 오블리가토, 그리고 "이젠 다 이룰 수 있
지"에 이어 들을 수 있는 그룹 벤처스 〈Pipeline〉 풍의 기
타가 좋은 예다. 뿐만 아니라 중반의 일렉트릭 기타 솔로
도 50년대 로커빌리 스타일로 흥겨운 라인을 만들고 있다.

장민호의 가창과 세션 연주자들의 멋진 공조를 접할 수
있는 매우 기분 좋은 작품이다.

타임머신

나에게는 타임머신 있지
(타임머신, 타임머신)
신비한 시간여행 하는
꿈속에서 선물 주고 가셨지
그동안 고생했노라고
철모를 때 첫사랑 만나서
데이트하고
집안 형편 어려워
못다 한 공부 더 하고
하고 싶고 갖고 싶고 보고 싶었던
그 모든 것
이젠 다 이룰 수 있지
허! 나에게는 타임머신 있지
(타임머신, 타임머신)
오늘 밤 출발한다네
나에게는 타임머신 있지
(타임머신, 타임머신)

하룻밤 과거로 떠나는
꿈속에서 남겨주고 가셨지
욕심 없이 잘 살았노라고
남모르게 키워온 꿈들도
다시금 꾸고
보란 듯이 성공해
폼 나게 살아도 보고
못난 아들 걱정하며
눈 감으신 우리 어머니
이제는 만날 수 있지
하지만 여우 같은 마누라
(예쁜 여우, 예쁜 여우)
토끼 같은 자식 눈에 밟혀
강물에다 던져 버렸지
이런 게 인생인가 봐
이것이 인생인가 봐

206

한 번뿐인 기적

아름다운 사랑을 오히려 솔직 단호한 방식으로 노래해 '차별화'

작사 김선민 · 최재은 / 작곡 최재은 · 김선민
최재은(피아노) / 한덕용(기타) / 김선민(베이스) / 배새롬(스트링 편곡)

앨범 [에세이 ep.1] 수록곡으로 한 번뿐인 인생의 아름다운 인연과의 만남을 노래했다.

모 유명 샹송을 연상케 하는 친숙한 인트로에 이어 나오는 장민호의 가창은 사랑하는 상대를 바라보며 자신의 진심을 얘기하듯 시종 사랑의 온기가 아름답게 흐르지만 노래 어법은 솔직 단호한 방식을 취하고 있다. 0:42 "행복의 답을 찾지 못해서", 0:49 "방황하며 나를 다 버렸었지 으으음~"처럼 호소력 풍부한 짙은 흉성 발성을 절규하듯 짧지만 강력하게 구사하고 있다. '으으음~' 같은 R&B식 추임

새(꺾기)를 삽입해 강약 조절을 멋스럽게 하고 있다.

〈한 번뿐인 기적〉은 드라마 OST 음악감독 김선민과 작곡가 최재은이 함께했다.

80년대 듀엣 '오선과 한음' 출신의 김선민은 프로젝트 그룹 마로니에를 기획, 작곡 및 프로듀서로 이름을 알렸고 〈칵테일 사랑〉, 〈동숭로에서〉, 〈진실게임〉 등 다수 히트곡을 썼다.

MBC '다모' '구가의 서', KBS2 '구미호 외전' '공주의 남자' '태양의 여자' '난폭한 로맨스', SBS '장옥정, 사랑에 살다' 등 많은 드라마 OST에 참여했다. 최진희, 박효신, 박화요비, 조항조, 수지, 윤하, 어반자카파, 비투비 등 많은 가수의 곡을 썼다. 2024년 9월 7일 기준 한국음악저작권협회에 765곡이 등록돼 있다.

최재은은 장민호의 〈한 번뿐인 기적〉, 〈눈물이 뚝뚝〉, 〈소원〉 등을 썼다. 이외에 김현정, 영턱스클럽, 박효신, 박화요비, 서진영, 유채영, 유리상자 등 여러 가수의 곡을 썼다. 한국음악저작권협회에 190곡(2024년 9월 7일 기준)이 등록돼 있다.

작곡 및 편곡자 배새롬(1L2L)은 중앙대학교 음대(작곡) 학사 및 경희대학교 아트퓨전디자인대학원 실용음악석사 학위를 받았다. 연규성, 란(RAN), 리디아, 더 데이지 등 여러 가수와 작업했다. 2024년 9월 7일 기준 한국음악저작권협회에 382곡이 등록돼 있다.

한 번뿐인 기적

어디가 시작이고 끝은 어딘지
힘든 무게로 살아온 세월
행복의 답을 찾지 못해서
방황하며 나를 다 버렸었지
내 삶의 쉼터가 그대라는 걸
운명처럼 이제야 알았을까
그대가 아닌 어느 누가 날
그대만큼 위로해줄 수 있을까
그 누가 감히 그대를
나하고 비교할까
내겐 한 번뿐인 기적 바로 그댄데
인생의 마지막 끝에 서있을 때
그땐 내가 그댈 지켜줄게
인생은 다 그렇고 그런 거라며
방황하는 날 잡아준 사람
행복의 답을 가르쳐주며
살만하니 용기내라 말해줬지

그 누가 감히 그대를
나하고 비교할까
내겐 한 번뿐인 기적 바로 그댄데
인생의 마지막 끝에 서있을 때
그땐 내가 그댈 지켜줄게
현실과 꿈에서 누가 감히
그댈 나하고 비교할까
내겐 한 번뿐인 기적 바로 그댄데
인생의 마지막 끝에 서있을 때
그땐 내가 그댈 지켜줄게

휘리릭

대중가요에 국악 정서 잘 담는 싱어송라이터 면모까지

작사·작곡 장민호 / 편곡 유영호
한덕용(기타) / 장재혁(베이스) / 최상준(드럼) / 강승훈(피아노)
/ 유호식(대금) / 김현아(코러스) / 융스트링(스트링)

2023년 10월 30일 발매한 미니앨범 [에세이 ep.2] 수록 곡으로 발라드 감성과 우리 국악의 격조미를 잘 혼합했다.

〈내 이름 아시죠〉 그 후의 이야기로 이제는 볼 수 없어 사무치게 그리운 사람을 향한 애절함을 노래했다. 장민호가 직접 작사와 작곡까지 맡아 싱어송라이터로서의 면모도 유감없이 보여주고 있다.

〈휘리릭〉은 꾸준히 대중가요에 국악의 정서를 담아내고 있는 장민호의 시도가 다시 한번 빛을 발하는 작품이다.

대금을 세션한 유호식은 '프로젝트 락', 국립국악고를 졸업하고 무형문화재 종목에서 이수자·전수자로 활동하고 있는 전문예술단체 '목멱예인' 등 여러 공연 멤버로 함께 했다.

음원 믹싱 작업은 김동률, 윤종신, 성시경 등 많은 가수와 함께한 국내 정상의 음향엔지니어 노양수가 맡았다.

2024년 3월 29일 장민호 공식 인스타그램에 "3월의 히든트랙 챔피언 송! 장민호 – 휘리릭(Swish) 따뜻한 봄날에 촉촉한 감성으로 함께 듣는 명곡, '휘리릭' 민호특공대의 사랑과 응원, 항상 감사합니다! 더 좋은 노래와 활동으로 늘 보답하겠습니다"라는 글이 게재됐다. 이에 민호특공대는 "장민호 트롯챔피언 휘리릭 히든트랙 축하합니다! 최고의 싱어송라이터!", "멋지다는 말밖에... 뭘 더~", "이쁜 울별님! 너무 멋있자냥~ 트롯챔피언 휘리릭!", "감성장인 민호님! 파이팅입니다!" 등등 많은 댓글이 달렸다.

휘리릭

사는 게 다 이렇습니다
왔다가 가는 건
어쩔 수 없나 봅니다
주르륵 주르륵 가슴이 뜨겁습니다

우습죠 도대체 무엇이라고
이 가슴 까맣게 태우고
재가 되는지
휘리릭 바람이 불면
흔적도 없이 사라집니다

아아아 어디쯤에 있나
그 약속 잊어버렸나

바람아 이 마음을 실어
불어라 불어라

쓸쓸히 헤매이지 않게
전해다오 이 내 마음을
그래야 나 살아갈 테니

아아아 어디쯤에 있나
그 약속 잊어버렸나

바람아 이 마음을 실어
불어라 불어라

쓸쓸히 헤매이지 않게
전해다오 이 내 마음을
그래야 나 살아갈 테니

그래야 나 살아갈 테니

희망열차

트로트와 차별화된 가요 감성 자주 보여

작사 멧돼지 / 작곡 · 편곡 멧돼지, 늑대
정수완(기타) / 늑대(드럼 · 키보드 · 베이스)
/ 멧돼지, Mission Dragon(코러스) / 멧돼지(신시사이저)

〈대박 날 테다〉, 〈아 님아〉, 〈미워야 연인이라 했나요〉
등을 쓴 유명 작곡가 멧돼지(박성수)와 다시 의기투합한 노
래다. 앨범 [ETERNAL] 수록.

어려운 시기를 함께 극복한 우리의 기쁨과 희망을 담아
희망열차를 타고 신나게 놀아보자는 메시지를 담았다.

이런 긍정의 메시지를 담은 흥겨운 노래인 만큼 2023
장민호 콘서트 '호시절(好時節):민호랜드'에선 〈풍악을 울
려라〉와 함께 공연 오프닝곡으로 사용하기도 했다.

〈희망열차〉는 장민호를 위해 만든 맞춤형 곡이라 해도 과언이 아니다. 그는 이 곡에서 이전과 달리 소리를 경쾌하게 띄우는 방식을 자주 보이고 있다.

"모입시다 이곳에 우리가"의 '우~리~'와 "마음을 나눠요 사랑하자"의 '나~눠~' 등에서 알 수 있듯이 가성을 통해 톤에 변화를 주고 있다. 가요 발라드에서 흔히 들을 수 있는 방식이기도 하다.

또한 "영원히 변하지 말고 쭉 같이 가요"의 '가요~'에서도 비브라토를 천천히 걸며 트로트와 차별화된 가요 감성을 보이고 있다.

멧돼지와 공동으로 곡을 쓴 늑대(이주현)는 임창정, 정동원, 임정희, 홍소희 등 여러 가수와 작업했다.

희망열차

온 누리에 사랑이 피어난

그 시간이

다가온 거야, 모두 알 거야

세상이 다 알 거야 이제

우리 지금 모두 다 함께

춤을 출 거야

기쁨 속에서 즐길 차례가 온 거야

버텨왔던 우리의 그 시간이

축복의 통로가 된 거야

그때 그 시절이

모입시다 이곳에 우리가

마음을 나눠요

사랑하자 이 마음 변하지 말고

쭉 모입시다 이곳에 우리가

사랑이 싹트고

함께하자 영원히 변하지 말고

쭉 같이 가요

기나긴 어둠 속이 끝이 날

그 시간이

다가온 거야, 실컷 누려라

자유함을 느껴봐 이제

우리 지금 모두 다 함께

노래할 거야

기쁨 속에서 즐길 차례가 온 거야

힘겨웠던 우리의 그 시간이

축복의 통로가 된 거야

그러면 된 거야

모입시다 이곳에 우리가

마음을 나눠요

사랑하자 이 마음 변하지 말고

쭉 모입시다 이곳에 우리가

사랑이 싹트고

함께하자 영원히 변하지 말고 쭉

라랄랄라, 라라리-랄라리-라라

라, 랄랄라랄라

랄랄라라, 라라리-랄라

모두 잘될 거야

라라리-랄라리-라라라,

랄랄라랄라

영원히 변하지 말고 쭉 같이 가

영원히 변하지 말고 쭉 같이 가요

예

회초리

마치 '회초리' 연상케 하는 편곡 컨셉트 주목

작사·작곡 류선우 / 편곡 장승연

장승연(기타) / 서영도(베이스) / 신석철(드럼) / 이한주(트럼펫)
/ 김일윤(트롬본) / 장승연(피아노) / 류아영(바이올린)
/ 나유나(비올라) / 김지현(첼로) / 김지연(코러스)

2022년 5월 1일 발매한 싱글로 어머니에 대한 그리움을
전통 성인가요 스타일로 노래했다.

이 곡은 〈회초리〉란 곡명처럼 노래와 악기 연주 진행이
마치 회초리를 맞는 것같은 느낌의 편곡방식을 택하고 있
어 흥미롭다.

"어린 시절 그토록 무서워하던"에서 '무서워하던'이나
"세월은 흘러 자식하나만"에서 '자식하나만', "나는 아직도
엄마 앞에선"의 '앞에선' 등에서 쉼표로 갑자기 연주를 스

톱(중단)하며 특정 부분을 강조하는가 하면 "이젠 내가 아무리 잘못 살아도 때려줄 사람이"에서 '때려줄 사람이'를 빠른 스타카토 처리로 강렬하게 액센트를 가한다. 이 모든 게 마치 회초리를 때리는 듯한 효과를 전해준다.

뿐만 아니라 여러 현악기는 손으로 줄을 잡아 튕겨 소리를 내는 '피치카토 주법'으로 회초리 컨셉에 어울림직한 현악 앙상블을 간간 연출하기도 한다. 바이올린이나 비올라, 첼로를 켤 때 사용하는 활 대신 이처럼 손을 사용하는 피치카토 주법이 만들어내는 톤의 울림은 또다른 매력으로 다가온다.

이와 같은 '회초리' 발상이 장민호나 또는 작곡자, 편곡자 중 누가 아이디어를 낸 건지는 몰라도, 이 곡을 들으며 매우 기발하다고 생각했다.

작곡가 류선우는 서울예대 실용음악과를 졸업했고, 2008년 장윤정의 4집 〈남자가 필요해〉를 작사작곡하며 데뷔했다. 2019년 강진의 〈막걸리 한 잔〉과 〈붓〉 외에 유지나 〈김치〉, 설하윤 〈속담파티〉, 영탁 〈한량가〉, 홍지윤 〈분내음〉, 강혜연 〈디스코〉, 전유진 〈연꽃〉 등 2024년 8월 4일 기준 104곡이 한국음악저작권협회에 등록돼 있다.

편곡자 장승연(AMEBA)은 류선우가 쓴 곡을 주로 편곡 작업한 바 있다. 강혜연, 홍지윤, 전유진, 영탁, 설하윤, 임창덕 등 여러 가수와 작업했다. 〈회초리〉에선 기타와 피아노 세션까지 맡았다.

서영도는 한국을 대표하는 베이시스트로 박효신, SG워너비, 신승훈, 이승환, 조성모, 이소라, 유희열 등 많은 가수를 세션했다.

바이올린을 연주한 유아영은 '미스트롯3' 팀 메들리 미션 세션 등 근래 스트링 세션을 활발하게 하고 있는 연주자다.

회초리

어린 시절 그토록 무서워하던

싸리나무 회초리

엄마의 그 회초리가 아니었다면

지금 난 뭐가 됐을까?

세월은 흘러 자식 하나만

바라보고 사는 어머니

나는 아직도 엄마 앞에선

아홉 살 난 어린아인데

이젠 내가 아무리 잘못 살아도

때려 줄 (때려 줄) 사람이 없어요

엄마, 엄마, 그 옛날처럼

회초리 한 대 맞고 싶어요

어린 시절 그토록 무서워하던

싸리나무 회초리

엄마의 그 회초리가 아니었다면

지금 난 뭐가 됐을까?

세월은 흘러 자식하나만

바라보고 사는 어머니

나는 아직도 엄마 앞에선

아홉살 난 어린아인데

이젠 내가 아무리 잘못 살아도

때려 줄 (때려 줄) 사람이 없어요

엄마, 엄마, 그 옛날처럼

회초리 한 대 맞고 싶어요

회초리 한 대 맞고 싶어요

7번 국도

옛 추억 함께하는 기분 좋은 드라이브송

작사 · 작곡 미소 / 편곡 송태호
이태욱, 서창원, 염주현(기타) / 박한진(베이스) / 이상훈(드럼) / 심진영(피
아노) / 한수영(코러스) / 김동하, 이한진(브라스) / 배신희(스트링)

2017년 7월 14일 발매한 싱글.

7번 국도는 한국에서 가장 아름다운 해안도로 중 하나
로 동해안 최고의 드라이브 코스로 꼽힌다. 강릉 정동진에
서 울산 간절곶까지 이어지는 멋진 해안도로에는 수 많은
사연과 추억이 머물고 있을 것이다. 그 속에 녹아있는 멋
과 사랑을 드라이브송 형태로 잘 표현했다.

"해 뜨는 정동진에서 뜨겁게 사랑도 했지
가다가 멈추어보니 그때 그 포장마차

사연 많은 술 한 잔

무심한 갈매기 소리 내 마음 끼룩끼룩

보고 싶다 사랑아"

노래 속 화자는 '해 뜨는 정동진에서 바닷길 7번 국도를
따라' 남쪽으로 서성거리는 옛사랑의 추억을 더듬는다.

장민호 공식팬클럽 민호특공대의 제안으로 7번 국도 노
래를 기념하는 노래비가 7번 국도 최북단에 위치한 강원
고성군 화진포 일대에 건립됐다. 2022년 10월 20일 제22
회 고성통일 명태축제 개막일에 맞춰 초청 인사와 팬클럽
회원들이 참석한 가운데 제막식이 열렸다.

작곡가 미소(한수영)는 나태주의 〈귓속말〉과 〈용됐구나〉,
이자연의 〈꽃띠동창생〉, 배진아의 〈맨발로〉 등을 썼다.

염주현은 정태춘·박은옥 투어밴드 및 유진박 밴드 멤버
로 활동했다. 해바라기, 소녀시대, 태현, 윤민수, 현숙, 송대

관, 거미, 싸이, 신성우, 안재욱 등 많은 가수를 세션했다.

이상훈은 현 이승철밴드 드러머로 이승환밴드 및 KBS1 '콘서트 7080' 하우스밴드에서도 활동했다. 나얼, 이소라, 나훈아, 남진, 이은미, 유희열 등등 많은 가수를 세션했고 안양실용음악학교 학과장으로 재직 중이다.

배신희는 바이올리니스트로 스트링 세션팀 '잼스트링' 의 마스터다.

7번 국도

(해 뜨는 정동진에서 바닷길

7번국도 따라 끝이 없는 사랑 길)

아프니까 사랑이랬지

잊으려 애를 쓰니

더 보고 싶더라

7번국도 바닷길 따라

끝없는 나의 사랑길

해 뜨는 정동진에서

뜨겁게 사랑도 했지

가다가 멈추어 보니

그때 그 포장마차

사연 많은 술 한 잔

무심한 갈매기 소리

내 마음 끼룩끼룩

보고 싶다 사랑아

(해 뜨는 간절곶에서 바닷길

7번국도 따라 끝이 없는 사랑 길)

해 뜨는 간절곶에서

뜨겁게 사랑도 했지

가다가 멈추어 보니

그때 그 포장마차

사연 많은 술 한 잔

무심한 갈매기 소리

내 마음 끼룩끼룩

보고 싶다 사랑아

무심한 갈매기 소리

내 마음 끼룩끼룩

보고 싶다 사랑아

PART 3

관계자들이
생각하는
장민호

"춤 기본기 탄탄, 습득력 빠르고 해석력 좋아"

고수봉(안무가, '나나스쿨' 총괄디렉터)
국내 대표 안무가, 비, 젝스키스, 핑클 등 당대의 스타 가수 안무 및 '미스터트롯
2'와 '미스트롯3' 출연진 안무 총괄.

"장민호는 아이돌 팀 활동을 해서 그런지 댄스에 대한 기본적인 스탠스를 갖춘 것으로 보인다. 그만큼 어릴 때부터 기본기가 탄탄하다는 것이다.

이러다 보니 무대 상황에 맞게 춤도 적절하게 잘 소화한다. 더하지도 덜하지도 않게.

트로트 가수들은 본격적으로 춤을 춰 본 사람들이 거의 없다. 따라서 트로트 가수들의 무대 동선을 위해선 거의 백지 상태에서 그림을 그려야 한다. 그러나 장민호는 이처럼 어릴 때부터 기본기가 탄탄해 그만큼 안무를 받아들이는 감각, 습득력도 남들보다 빠르다. 해석력도 좋다."

"사슴 같은 사람, 이렇게 착한 가수 없다"

김현아(세션 코러스, 홍익대 실용음악 교수)

나훈아, 이승철, 백지영, 조성모, 핑클, 보아, 오마이걸 등 35년간 3만 5000곡 넘게 세션한 '국민 코러스'. 초기부터 현재까지 장민호의 많은 곡을 코러스 세션.

"장민호는 정도를 걷는 FM 타입이다. 음주가무 등 놀이 문화에 휘둘리지 않고 굉장히 모범생 같은 이미지다. 술·담배도 하지 않고.

또한 그는 음악적으로 대단한 노력파다. 장민호는 처음 등장할 땐 트로트가 아니었다. 트로트로 전환하면서 창법이나 테크닉을 굉장히 많이 연습했다. 요즘엔 곡도 직접 쓰며 음악 공부도 무척 많이 하고 있다. 굉장한 노력파 가수랄 밖에.

나는 홍콩 배우 여명과도 몇 차례 작업한 적이 있다. 여명은 노래 실력도 뛰어나다. 같이 일해보니 정말 훌륭한 인격자, 마치 사슴 같은 사람이었다. 무척 올바르고. 한국을 예로 든다면 장민호 같은 사람이었다.

개인적으론 장민호의 많은 곡 중에서도 〈남자는 말합니다〉, 〈풍악을 울려라〉 등을 좋아한다."

"보이스 톤 좋고 미성, 담백한 창법"

남기연(편곡가)

트로트 전문 편곡가. 금잔디 〈오라버니〉, 김용임 〈부초 같은 인생〉, 임영웅 〈두 주먹〉, 유진표 〈천년지기〉, 박우철 〈연모〉, 송해&유지니 〈아버지와 딸〉 등 1000여 곡 넘게 편곡했다.

"장민호는 보이스 톤이 좋고 미성이다. 담백한 창법, 다시 말해 노래를 오버하지 않고 깔끔하게 부르는 게 매력이다. 트로트를 노래하더라도 과하게 꺾거나 돌리거나 하는 식으로 처리하지 않아 더 폭넓은 팬층을 확보하고 있다.

뿐만 아니라 장민호는 무대에서 관객을 끌어당기는 흡인력 카리스마도 매우 좋다.

많은 사람들이 말했겠지만 나 또한 그의 좋은 인성을 언급하지 않을 수 없다.

사건 사고만 없다면 향후 장민호는 오랫동안 가수로서
롱런할 것이라 확신한다."

"섬세하고 총명, 70세 넘게 오랫동안 인기 받는 사주"

백운산(역술인, '한국역술인협회' 회장)

김일성 사망, 노무현 대통령 당선 및 김정은 정권 오래갈 것 등 많은 이슈를 정
확하게 예언한 대한민국 최고의 역술인. 한국일보, 아시아투데이 등 여러 일간
지에 '오늘의 운세'를 연재하고 있다.

"장민호의 사주(1977년 음력 7월 28일생)는 '신금일주'가
강하다.

신금일주는 섬세하고 깔끔하며 자아가 높고 총명함을
뜻한다. 신금 유월에 사유 화합하고 편인(예술, 기예 등 전문
분야를 잘하는 것)이 많으며 정관이 년주에 있으니 백 년에
한 번 태어날 수 있는 아주 좋은 사주다.

'편인'은 많은 사람으로부터 항상 인기를 받는 사주이기에 연예인으로선 최고의 스타가 되며 말년까지 인기가 대길하겠다.

2025년은 장민호가 결혼하는 시기다. 개띠, 돼지띠만 피하면 어느 띠도 다 좋을 것이다.

71세까지 명예와 재물이 계속되는 대운이며, 100세까지 장수한다."

작명학으로 볼 때 장민호(張民好)라는 이름은 아주 좋은 기운이다. 장민호 성명자는 한자수리와 발음오행, 자원오행이 모두 상생으로 조화가 잘 이루어져 있다.

성명자의 원, 형, 이, 정에서 원격, 형격, 이격, 정격도 부족함이 없이 잘 보완돼 있으므로 인해 장민호란 성명은 더할 나위 없이 좋은 이름인 것이다.

• 발음오행

한글 오행 체계인 목(木), 화(火), 수(水), 토(土), 금(金)을 바탕으로 이름을 지어야 발음할 때 자연스러워 좋은 기운이 들어오게 되는 것이라 여기는 작명법의 일환이다.

• 자원오행

작명법에서 중요하게 보는 것 중 하나로, 각각의 원소가 서로 상생(相生) 또는 상극(相剋) 관계에 있는 걸 나타내며 이러한 관계를 통해 운명 분석이나 운세 예측에 사용된다.

• 원형이정(元亨利貞)

만물의 시작과 완성 과정에서 나타나는 네 가지 덕성으로 작명에서는 성과 이름자의 획수를 원형이정의 4가지 격(格)으로 산출해 운명상의 작용을 알아보고 있다.

원격은 이름의 끝자와 중간자를 합한 수로 1~20세의 유년 초년 운을 말한다. 형격은 성과 이름 중간자를 합한 수로 21~40세의 청년 장년 운이다. 이격은 성과 이름 끝자를 합한 수로 41~60세까지 장년의 운이다. 정격은 성과 이름 중간자와 끝자 모두를 합한 수로 61세 이후 말년까지의 운을 말한다.

"비강 공명 잘 활용하는 보컬, 표현력 풍부"

서근영(경희대 포스트모던음악학과 교수)
가수 겸 교수. '젤리피시'와 '미스틱' 엔터 보컬트레이너로도 활동했으며, 멜로디와 언어적 접근을 병행해 K팝의 표현기법 연구에 천착하고 있다.

"장민호는 비강 공명을 효과적으로 활용하는 보컬로 목소리 톤의 변화를 다양하게 구사해 듣는 이들로 하여금 보컬 테크닉이 화려하고 세련되게 느껴지도록 한다.

장민호의 이러한 특성은 가사의 표현력 역시 더욱 풍부하고 감각적으로 전달되는 효과를 가져온다."

"그 곡에 가장 잘 어울리는 색깔 보여주는 가수"

신현권(세션 베이시스트)

나훈아, 남진, 임재범, 이승철, 성시경, 보아, 아이유, 윤미래, 브라운아이드걸스, 김연자, 장민호, 이찬원 등 6만 곡 이상 세션한 대한민국 대표 베이시스트. 장민호 〈인생일기〉, 〈고맙고 미안한 내 사람〉, 〈사는 게 그런 거지〉 등 세션.

"해당 가수의 데모를 들려줄 때 세션 연주자는 이미 머릿속에서 어떻게 연주해야 할지 완성이 돼 있어야 한다. 〈고맙고 미안한 내 사람〉과 〈인생일기〉를 베이스 세션할 때 스태프에게 악보 좀 크게 그려오라고 주문했다. 하지만 악보를 크게 그려오지 않아 좀 불편했지만 원테이크로 단번에 끝났다.

장민호는 가창력도 좋다. 나는 가수의 색깔을 가장 중요하게 본다. 색깔은 그 가수가 갖고 있는 오리지널리티이기 때문이다. 이런 점에서 장민호는 그 곡에 가장 잘 어울리는 색깔을 보여주는 것 같다. 그만큼 곡을 고르는 안목도 좋다."

"언제나 칭찬일색, 정말로 흔치 않은 가수"

안지훈(기타리스트, 홍익대 실용음악 교수)

임재범, 전인권, 이은미, 장근석, 초신성, B1A4, 영탁 등 많은 가수 및 '재벌집
막내아들', '신사와 아가씨', '하나뿐인 내 편', '가화만사성' 등 숱한 드라마 OST
세션. 조성모에 이어 현 서영은 밴드마스터.

"장민호 밴드에서 활동하는 멤버를 알고 있어서 그들로
부터 이런저런 얘기를 듣곤 한다. 그런데 놀라운 건 언제
나 장민호에 대해선 칭찬 일색이라는 것이다. 같이 활동하
는 사람들로부터 칭찬만 듣는다는 게 결코 쉽지 않은데 말
이다. 장민호의 인성이 얼마나 대단하면 저러느냐 생각이
들 정도였다. 그래서 더욱, 이런 사람이야말로 더 크게 잘
됐으면 좋겠다는 생각이 들었다.

그의 선한 영향력이 많은 사람에게 퍼지며 함께 하는 따
뜻한 세상이 될 수 있도록 도움이 되길 기대해 본다."

"다양한 장르 소화력 탁월, 세련된 톤"

알고보니 혼수상태(작곡 듀오)

조항조, 장윤정, 송가인, 박서진, 영탁, 송대관 등 많은 트로트 가수와 작업한 국내 최고의 명품 작곡 듀오.

"장민호는 세련된 보이스 톤의 소유자다. 곡을 선택하는데도 매우 까다롭고 신중을 기하는 스타일이다. 곡을 고를 땐 신중에 신중을 거듭하지만 일단 결정이 되면 작곡가에게 일임한다. 장민호는 다양한 장르를 소화하는 능력이 탁월하다. 무지개 같은 보컬이랄까. 이거야말로 엄청난 재능이다.

또한 장민호는 좋은 곡은 언젠가는 역주행한다는 마인드의 소유자다. 타이틀곡이건 수록곡이건 개의치 않고 장민호는 모든 곡을 똑같이 중요한 비중으로 다루려고 한다. 예를 들어 우리가 쓴 〈저어라〉와 〈무뚝뚝〉은 타이틀곡이 아니었음에도 노래할 땐 무대 하나하나 신경을 많이 쓰고 성의를 다해 노래하는데, 그런 모습이 너무 인상적이었다.

'불후의 명곡'에 출연해 영탁 등과 함께 〈저어라〉를 노래할 때도 대곡 스타일로 무대를 연출하는 걸 보며 크게 감동받았다. 모든 곡 하나하나를 정말 소중하게 생각하는 가수가 아니면 이렇게 할 수 없기 때문이다.

장민호는 또한 따뜻한 심성의 소유자다. TV조선 '내 딸 하자'란 프로그램에서 〈그 강을 건너지 마오〉를 가족들과 함께 양재인에게 요청한 적이 있다. 온라인 화상으로. 당시 MC가 장민호였다. 프로가 끝나고 장민호로부터 전화가 왔다. 그는 따뜻한 말로 '다음에 기회가 되면 어머니와 아버지를 꼭 초대하고 싶다'는 말과 함께. 감동이었다. 장민호는 예전이나 지금이나 정말 변하지 않는다는 걸 새삼 느꼈다.

최근 '전국노래자랑' 심사위원으로 출연한 적이 있다. 그때 초대 가수가 장민호였다. 그는 스타임에도 모든 사람을 대하는 태도가 너무 겸손했다. 스타의식이라곤 전혀 없는.

'미스터트롯2'와 '미스트롯3'까지 장민호와 마스터를 두 차례 함께했다. 그의 옆자리에 앉아서 심사했다. 우리는 작곡가 입장에서 바라보지만, 장민호는 많은 출연자에게 선배로서 따뜻한 말 한마디라도 더 해주려고 한다. 노래를 마치고 무대에서 내려오는 참가자들에게 따뜻한 말로 위로와 격려를 아끼지 않는 것이다. 그들이 실수하더라도 그걸 지적하는 게 아니라 그의 장점을 어필하게 하며 용기를 북돋워주는 타입이다."

"적절한 비음 '세련된 톤', 벨팅 창법으로 남성미까지"

오한승(동아방송예술대 실용음악학과 보컬 주임교수)

前 SM엔터 보컬트레이너. 동아방송예술대에 '보컬 디렉팅'과 '보컬 스타일링' 과목 개설한 장본인. 연세대에 이어 버클리 음대, 동덕여대 실용음악 석사 및 서울대 대학원 공연예술학 박사 수료 및 실용음악 보컬 서적 출간 등 끊임 없는 학문적 열정을 불태우고 있다.

"장민호는 목소리톤 자체가 미성의 느낌은 아니다. 그러나 목소리가 트로트 꺾기 창법과 맞물려 비음을 매우 적절히 사용해 따뜻함과 세련됨을 표현하는 도구로 활용하고 있어 듣는 재미를 더해준다.

또한 장민호의 발성은 고음부에서 목소리를 가볍게 긁어주는 '벨팅' 창법이 남성미를 적절히 표현해주는 것도 매력이다.

"남을 더 빛내주려 하는 배려와 겸손의 아이콘"

윤준호(작곡가, '한국예술사관학교' 학부장 교수)

아버지는 가수 윤항기, 고모는 윤복희, 할아버지는 '처녀뱃사공' 작사가 윤부길로 3대를 이은 명문 음악 집안. 태진아의 진아기획(진아엔터테인먼트) 소속 작곡가로 활동했고 윤항기, 쟈니리 등에서 최근 젊은 트로트 가수에 이르기까지 많은 가수 곡을 썼다.

"트로트에선 '한'과 '흥', 즉 한이 서려 있던가 흥이 묻어 있던가를 중요하게 보는 편이다.

〈내 이름 아시죠〉란 곡에서 장민호는 한이 잘 서려 있는 보이스를 들려준다. 노래 스킬도 오버하지 않고 감정을 잘 눌러 담는 걸 알 수 있다. 먼저 떠나가신 부모에게 들려드리기 위해 자신의 감정을 최대한 누르고 가사 하나하나에 편지를 써나가듯 감정을 담아 노래하고 있다. 그래서 더 한이 서린 듯 들린다. 여기서 장민호가 노래하는 부모 세대는 병상에 눕거나 이미 돌아가실 즈음의 연령대인 만큼, 장민호 세대에서 더욱 잘 공감할 수 있는 가사 내용이라 더 가슴에 와닿는다.

무명 시절이 길었던 만큼 어려웠던 마음(고생)을 누구보다 잘 안다. 이 많은 것들을 후배에게도 알려줄 수 있는 게 많아서 그런지 선한 영향력을 많이 미치는 아티스트다.

장민호는 예능 프로그램도 많이 진행한다. 누구보다 주인공이 될 수 있음에도, 항상 다른 출연자보다 낮은 자세로 임하려고 한다. 더블 MC를 할 때도 상대 MC를 띄워주며 다른 가수와 함께 할 땐 상대 가수를 먼저 띄워주고 부각시켜 주려고 한다. 이런 방식의 예능 진행이 장민호라는 캐릭터를 더욱 돋보이게 하는 것 같다.

음악방송에 출연해 라이브 무대를 꾸미는 걸 보면 절제된 끼와 자신만의 리듬감을 잘 표현, 목소리 자체가 중저음 음역대, 즉 고음이 많이 올라간다기보다는 자신이 잘 소화할 수 있는 음역에서 호소력 짙게 노래한다.

앞으로도 지금처럼 자신의 이미지를 잘 구축하며 자기관리를 잘하면 될 것 같다."

"노래와 춤, 외모까지…너무 완벽한 게 단점"

이동철(작곡가)

삼성영상사업단 음향엔지니어에서 작곡가로 전업해 진시몬 〈너나 나나〉, 장민호 〈풍악을 울려라〉와 〈신발끈〉, 김충훈 〈나이가 든다는 게 화가 나〉, 홍지윤 〈사랑길〉, TV조선 예능 '쇼퀸' 우승곡인 채은선 〈놓치지 말자〉 등 여러 히트곡을 썼다.

"장민호는 항상 예의가 바르다. 그리고 너무 잘생겼다. 작업하다가 장민호의 얼굴을 보면 내 눈을 어디에 둬야 할지 모를 만큼 잘생겼다.

거기에 장민호는 춤까지 너무 잘춘다. 이건 정말 너무 불공평하다. 노래도 잘하는데 어찌 이리 외모까지 완벽하단 말인가? 흠잡을 데 없는 이러한 완벽이 단점이라고 말하고 싶다.

장민호는 TV조선 '쇼퀸' MC를 맡기도 했다. 장민호의 추천으로 나는 TOP7 신곡 미션에 참여하게 됐다. 이 자리를 빌어 다시 한번 장민호에게 고마움을 전하고 싶다."

"'미스터트롯' 맏형다운 가창력과 인간미"

이성열(기타리스트, 서경대 실용음악교수)
조용필, 한영애, 소녀시대, 이승철밴드, 백지영 등 5000곡 넘게 연주한 국내 정상의 세션 연주자. 그룹 '송골매' 공연 세션 및 임영웅 밴드 기타리스트.

"장민호는 '미스터트롯'의 맏형답게 가수로서의 가창력은 당연한 것이며 인성 좋고 인간미 넘치는 음악인이다."

"리듬 소화력 좋고 연출도 세련, 트로트 외연 확장에 기여"

이성욱(가수, R.ef)

1990년대 중반 레이브 스타일의 음악으로 선풍적 인기를 끈 ref. 멤버로 현재까지 꾸준히 솔로 활동을 하고 있으며, 2025년 ref. 재결성 컴백을 앞두고 있다.

"장민호는 댄스를 해봐서 그런지 리듬 소화력이 좋고 연출 전반이 세련됐다. 트로트를 음악적으로 좀 더 세련되게 구사한다. 그는 트로트를 보다 다양한 계층으로 외연 확장하는 데 가교 역할을 하는 것 같다.

기존의 트로트에 댄스 감성도 잘 접목하고, 트로트 팬이 아닌 사람도 이 장르에 쉽게 다가갈 수 있게 하는 매력이 있다. 고급스러운 느낌의 트로트랄까? 멜로디도 그렇고, 우리가 흔히 부르는 기존의 '뽕짝'이 아닌 좀 '고급스러운' 트로트를 하고 있는 것 같다.

장민호는 아이돌 활동도 했지만 내 개인적으론 그때의 기억은 잘 나지 않는다. 여럿이 있을 때 빛이 나는 사람이 있는가 하면 혼자 있을 때 빛이 나는 사람이 있다. 장민호는 후자 쪽이다.

늦게 핀 꽃이 오래 가려면 남보다 화려하지 않고 주변 환경에 잘 묻어가는 것도 필요하다.

자신이 꽃을 피웠다고 생각하는 순간 이미 지는 것이다. 따라서 (여전히) 피워가는 중이란 생각을 견지하는 게 중요하다.”

“곡 전체를 조망하는 역량 남달라”

이용구(작사가)

장민호의 〈연리지〉, 〈풍악을 울려라〉, 〈신발끈〉 등을 작사했고 이외에 홍지윤, 문초희, 이찬성 등 여러 가수의 노랫말을 썼다.

“그간 장민호에 관해선 좋지 않은 얘기는 한 번도 들은 적이 없다. 그만큼 인품 좋고 매너 좋은 가수다. 직접 대해보니까 스타의식도 전혀 없고 특히 상대를 먼저 생각하는 배려심이 대단했다.

장민호와 함께 작업하면서 그가 단지 노래만 잘하는 가수가 아니란 걸 알았다. 편곡이나 멜로디 흐름 등 전체적으로 음악을 조망하는 감각이 남달랐기 때문이다. 녹음 중 자신이 바꿨으면 하는 부분을 얘기하는 걸 보면 이러한 감각이 얼마나 탁월한지 잘 알 수 있었다."

"상처받아 힘들 때 보듬어주고 위로와 격려 아끼지 않아"

임현기(음악감독)

TV조선 '미스터트롯'과 '미스트롯', MBC '나는가수다', Mnet '슈퍼스타K', SBS '더트롯쇼' 등 많은 예능 프로그램을 총괄한 국내 대표 음악감독.

"개인적으론 장민호를 무척 좋아한다. 민호 형은 가리지 않고 하는 스타일이다. 과거에 그늘이 많았기에 지금이 얼마나 소중한지 잘 알고 있다.

장민호는 처음부터 지금까지 변치 않고 정통 트로트를 하고 있다. 일반 가요를 하다가 트로트로 넘어올 때 대략 1년이란 시간이 걸렸다고 했다. 트로트만의 감성·꺾기가 잘 안 됐기 때문이다. 하지만 많은 노력으로 이젠 적응했다.

KBS '내 인생 마지막 오디션'에서 장민호를 처음 만났다. 내가 교회에서 목사와 의견 충돌하고 상처받아 투덜거리면 민호 형은 내가 하는 욕을 다 들어주고 상처 보듬어주고 위로와 격려를 아끼지 않았다. 그렇게 함께 밤을 새우곤 아침에 행사장으로 갔다. 당시 민호 형은 차인표와 '컴패션' 봉사활동을 할 때였다.

그야말로 인품이 참 좋은 가수다."

"호소력 짙고 눈물샘 자극 지점까지 잘 아는 가수"

전홍민(작곡·편곡자)
윤수현 '천태만상' 편곡 및 이찬원 '망원동 부르스' 작곡가로 잘 알려져 있다. 이 외에 홍지윤 '왔지윤'와 송가인 등 많은 곡을 썼다. 마아성과 함께 '마벤져스' 팀으로 활동.

"장민호는 호소력 짙고 눈물을 자극하는 지점이 어디인

지 잘 아는 가수다. 가창력도 너무 좋다.

그는 이미 가타부타 평을 할 수 없는 경지에 오른 아티스트라고 할 수 있다."

"큰 그림 볼 줄 아는 편한 보이스의 소유자"

최남진(음향엔지니어, '초이사운드랩' 스튜디오 대표)
'소니뮤직코리아', '한국음반', '예음스튜디오' 음향엔지니어에 이어 현 '초이사운드랩' 스튜디오 대표. 장민호의 〈남자는 말합니다〉, 〈연리지〉, 〈7번 국도〉, 〈타임머신〉 등 여러 곡을 작업.

"내가 '예음스튜디오'에 재직할 당시 신훈철 님이 대표로 있었다. 현 장민호 소속사 '호엔터테인먼트' 대표 바로 그분이다. 그래서 개인적 친분도 두텁고 이런 인연으로 장민호가 뜨기 전부터 자주 볼 수 있었다.

장민호 첫인상은 '참 잘생겼다'였다. 인상이 참 좋았고, 남자다운 외모의 미남 타입이었다.

장민호와 처음 작업한 곡은 〈남자는 말합니다〉 믹싱이다. 장민호는 보이스 좀 잘 들리게 해달라. 너무 가공되지 않게 해달라 등을 주문했고 이에 맞추며 소통했다. 앨범 [드라마] 작업은 평소보다 더 심혈을 기울이다 보니 시간이 많이 걸렸다.

〈연리지〉를 작업하며 가수로서 장민호의 감성 처리가 좋다는 걸 알았다. 느린 곡을 부를 땐 감정 표현이 중요한데, 장민호는 의외로 이런 걸 너무 잘했기 때문이다.

그간 장민호와 곡 작업을 많이 했는데, 할 때마다 느끼는 거지만 그는 매우 편한 보이스의 소유자란 것이다. 그리고 자기관리를 너무 잘한다.

많은 음악인과 작업하다 보면, 너무 가사의 한 글자에 꽂혀 수정하고 또 하는 가수들을 보게 된다. 더 중요한 게 있음에도 불구하고, 여기에 너무 힘을 빼다 보니 전체적인 그림을 크게 보지 못하고 흐트러질 수 있는데, 이런 걸 보며 안타까움이 들기도 한다. 그런데 장민호는 이런 데 개의치 않고 큰 그림을 그리며 음향 담당자를 믿고 맡기는 타입이다.

장민호는 특정 곡에서 목소리 톤이나 자신이 원하는 콘셉에 대해 이렇게 해달라고 주문하는 정도 외엔 음향 작업 때 언제나 내 의견을 많이 들어준다.

(언제부턴가 음악 외에) 다른 끼도 나오며 이게 음악과 잘 어울려 대중에게 더욱 효과적으로 어필되고 있는 것 같다. 전형적인 호감형 스타다.